それでも先生を続ける理由《わけ》

「先生」に迷っているあなたへ

あみたろう

amitaro

東洋館出版社

はじめに

この本を手にとってくれてありがとうございます。

中学3年生の女の子から、1通のメッセージが届きました。

「先生になりたいけど、周りの人から反対されます。正直、自分自身もすごく不安です。やっぱり学校の先生って大変ですよね？」

このメッセージを読んだ時、とても寂しい気持ちになりました。

自己紹介が遅れました。あみたろうといいます。
小学校の先生をしています。多分、どこにでもいる普通の先生です。

最近、SNSやテレビで、教師という仕事の大変な面が数多く報道されているのを目にします。
それは、きっと多くの学校で当てはまることであり、解決していかないといけない問題なのだと思います。

でも、それだけじゃないんです。

教師でしか味わえない、教師という仕事の魅力もたくさんあるんです。
そういうところも多くの人に伝えたい。

また、今教師をしている方。しんどいこともあると思います。

僕も同じです。つらいことも伝えたい。
そして、1人じゃないよって伝えたい。

そういう気持ちで、教師の日常を漫画にしています。

教師の「つらいこと」「かなしいこと」「たのしいこと」「うれしいこと」など、いろいろな面をみなさんに伝えることができたらうれしいです。

そして、この本を手にとってくれた方にとって、この本が教師について考える時に少しでもあなたを支えたり、背中を押したりできるような1冊になりますように。

CHAPTER 1

はじめての先生、期待と不安と時々反省

先生になりました

昔から
先生みたいになりたい！
いやぁ
先生になりたかった
やっぱりやめようかな
教員のブラック化が…
時間外労働が…
自分にできるのかな
課題忘れた!!
ねすごした！
やばい！
そう思った時もあったけど
はじめてください！
カリカリ

合格
先生になりました
記念すべき1日目
何をしたらいいかわかりません
ぽかーん
何したらいいですか‥
学級開きの準備とかかなぁ
そうじもしとくといいよ
ありがとうございます
わかりました
あと当番表も!

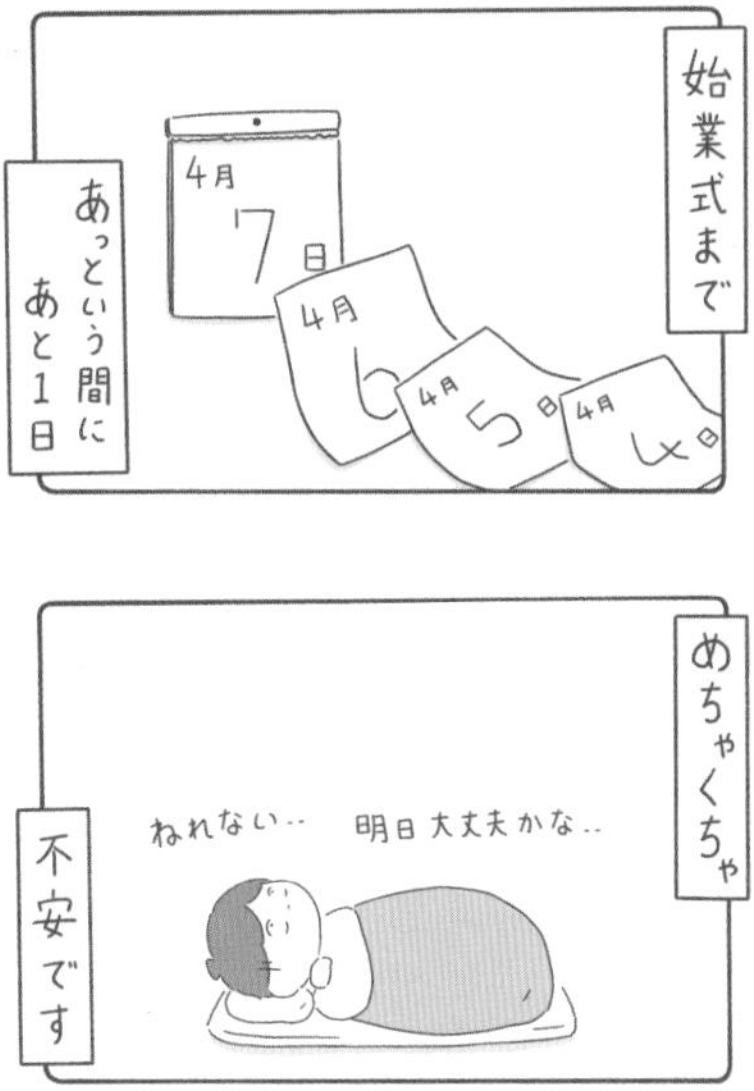
始業式まで
あっという間にあと1日
4月 7日
4月 6日
4月 5日
4月 4日
めちゃくちゃ
不安です
ねれない‥
明日大丈夫かな‥

昔から極度の心配性。
先生になれたけど、
不安がたくさん。
始業式の前日は、緊張で
全然寝られませんでした。

わくわくハラハラ

子ども達と初めて会う日
いよいよか‥
緊張しすぎて
ギリギリまで流れをチェック
えーっと まずは‥
4-1
ふー
4-1
よしっ

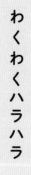

こんにちは!
こんにちは
あら かわいい
自こしょうかい
・あみたろう
・すきな食べ物
先生の好きな食べ物はなんでしょう
はい!
カレーライス!
はい

もちろん
正解〜!
わーい
バタバタした1日だったけど
かわいい子ども達に
じゃあ すきなスポーツは?
はい はい!
はい!
少し気持ちが軽くなりました

緊張しながらも、
元気全開で自己紹介。
子どもたちも
目をキラキラさせて
聞いてくれました!

学級開き

学級開き
このクラスを
日本一にします!
こんなことを言っちゃいました
おぉ!
したーい
思ったより食いつきました
ムリだよ…
おや?
一人じゃムリだ!
みんなの力がないと!
おお(笑)

ほんだら〜
おぉー！
やるぞ〜！
何してるの？
日本一になる
おまじないしてた！
幸先は
びみょうです…
ちがうって！
なんでやって！
・・・
神頼みしてました(笑)
次の日
昨日は
大変だったな〜
この先
どうなることやら…
あいや〜
なに
してるの…
あいや〜

係決め①

まずしないといけないことが
係決め
では今から
係決めをします!
子ども達と
どんな係が必要かな?
必要な係を考えて
いざ
・レク係
・配たつ係
・牛乳係
・まどしめ係
1つ選びましょう
係決め
の前に…
したい係が
かぶった時はどーする-?
ルールを確認

文句なしじゃんけん!
じゃあ
それで約束ね!
次、配達係がいい人ー?
・レク係
・配たつ係
・牛乳係

じゃんけんぽんっ
あああああ
いやだー
したいー
あああああ

ちゃんと決め方を確認したのに、
泣いちゃった。
文句なしって決めたのに…。
これからどうなるのだろうー!?

初めての授業①

初めての授業
登場人物はだれがいますか？
子ども達は
はい！はい！
やる気120%
順調でした
ごんすけ！
バッチリ！
途中までは…
じゃあ
この時のごんすけの気持ち分かる人ー？

うーーん
ぽけー
え?ごんすけ山に行ったでしょ?
その時ってどんな気持ちで行った?
わかんなーい
ぽけー
キンコーン
カンコーン
え、だからさもう1回言うよ?
うーん

授業がうまくいかない
辛さ、悲しさ何よりも…
せんせーあそぼ!
うん
まってね
子ども達への
申し訳なさがしんどかった
せんせー
はやくー
ずーん
力不足だ…

初めての授業はいい感じ!
と思いきや、大失敗…。
子どもたちに対して
「ごめんね」の気持ちで
いっぱいです。

初めての授業②

教えることには自信があった
学生時代
じゅくでアルバイト
でも
ぽかーん
わかんなーい
ダメだった
どうすればいいかわからなくて
うーん
とにかく考えた
でもどこまでやっても
本当にこれで
うまくいくのだろうか..
これで大丈夫って確信がもてなくて

夜中まで準備した
なるほど…
ネットでも見てみよう…
それでも不安だった
今日は昨日の続きをします
この場面で出てきたのは?
ぺた
ごんすけー!
その後ごんすけは何したんだっけー?
おじさんと出かけたー!

ごんすけの気持ち分かってきた!
はい!
私も言いたーい!
本当によかった
じゃあさんちゃん!
せんせーあててー!
はい!

うまくいってよかった!
授業準備は
「ここまですれば大丈夫!」が
分からないから難しい。

反省

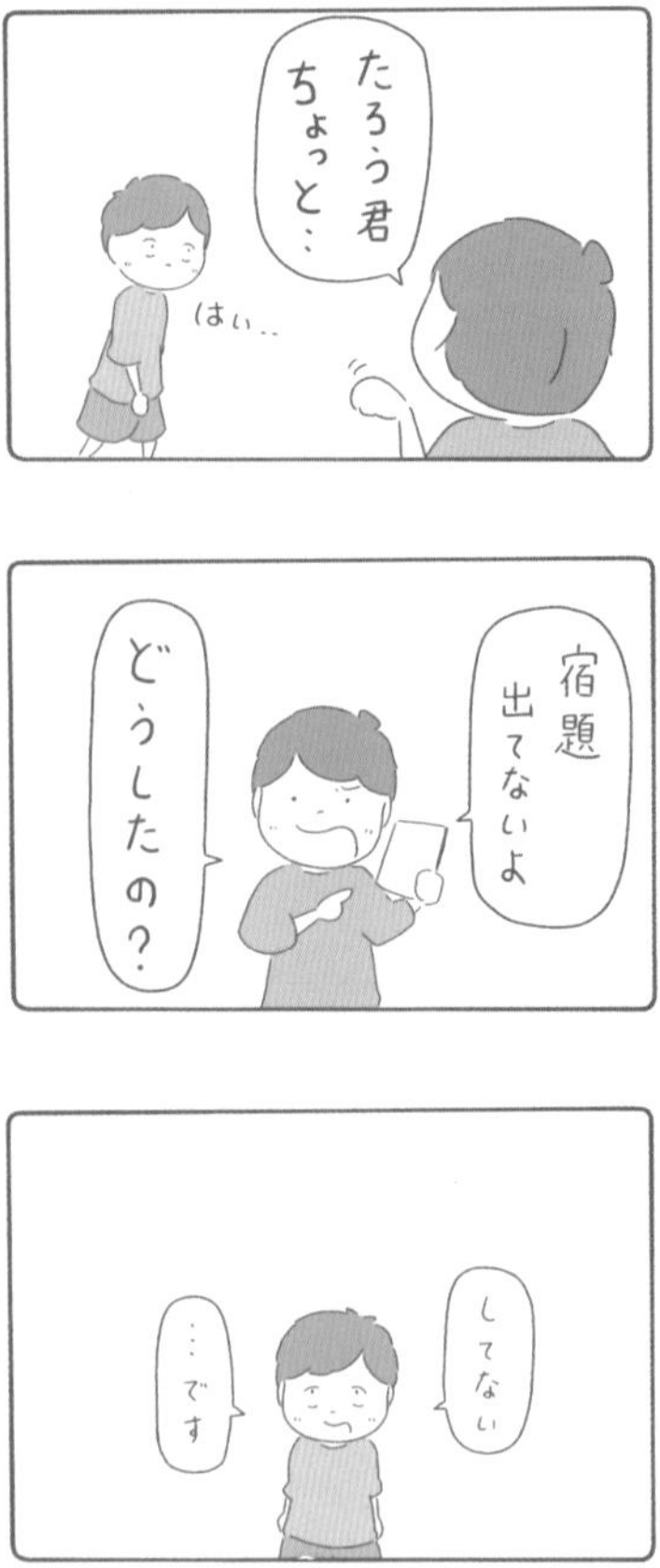

たろう君
ちょっと…
はい…
宿題
出てないよ
どうしたの？
してない
…です

どうして？
何か理由があるの？
あそんでて…
してない子に
「ちゃんとしなさい」
これだけで
いいのだろうか…
ちゃんとしないと！
ごめんなさい…
ずーん
自分の指導に
自信がもてなかった
はぁ
もっとちがう言い方あったなぁ…

自分の指導に自信がもてない…。
学校から帰っても
「あーすればよかったかな」と自問自答の毎日。

褒める時こそ

子どもをよぶと
さんちゃん ちょっとおいで
だいたい みんなかまえる
は、はい
何したっけ…
さっきの授業
発表 がんばったなー！

先生の一番の仕事は「褒めること」だと思います。
褒められた時の子どもの顔が、まぁかわいい〜！

うれしい電話

子ども達が帰った後は
ばいばーい
また明日〜
ぐったり(笑)
ばたん
きゅ〜
〇〇ママからお電話です
あ、すみません
まずは少しかまえてしまう
はぃ もしもし…

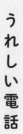

あみ先生が担任で、すごく嬉しいです〜
1年間よろしくおねがいします〜！
こちらこそ〜
放課後には
こういう嬉しい電話もある
明日の授業作りがんばるぞー！
がんばろ！って気持ちになれる

「保護者からのクレームが…」とよく聞くけれど、
うれしい電話もあるのです。
そんな電話でエネルギーチャージ！

自己紹介

自己紹介をする授業です
まるちゃんです
すきな食べ物はツナです
さんちゃんです
すきな人は…
「
あみ先生です♡
先生のすきな人はみんなだよ〜
わーい
何この幸せタイム

え？　移り変わり早過ぎない!?
なんとも言えない気持ちになりました。
まぁ仕方ないですね！（笑）

机のまわりで①

休み時間
ギャハハハ
アハハ
元気だなぁ
特にすることもなく
机からみんなをながめていると
ぽっーん
うお
ひょこ
先生って
何座ー?

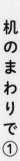

かに座
うちもかに座ー！
おぉ
おなじだー
でも今日かに座最下位だった
え…
ちょっとしたことが
でも同じでハッピーだ！
いえーい
すごく嬉しい

先生と同じでうれしそうにしてくれる子どもたち。
尊すぎます。
先生もあなたと一緒でとってもハッピー！

じゃんけん

丸つけがない休み時間は
何してるのー？
ひましてた～
子どものところに行くようにした
あそぼうぜ
おぉ
じゃんけんしよ
えー じゃんけん？
せーの
じゃんけんっ

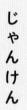

ぽんっ
かち
まけ
まけ
まけた人はおしりプリプリね
ギャハハ
アハハ

何してるのー?
プリプリじゃんけんー!
何それー?
変な遊びが
はやってしまいました(笑)
こ、こんにちは
たのし〜い
となりの先生

先生もふざけるのが大好き。
おしりをぷりぷりさせていたら、
みんなもぷりぷりしていました。
かわいすぎます。

自己紹介カード

新しい出会いの新学期。「友達ができるかな…」という不安な気持ちが吹き飛ぶように、「自己紹介カード」を作りました！

友達との会話のきっかけになるように、「好きな〇〇」の中に「きらいなもの」を1つ混ぜてみましょう。

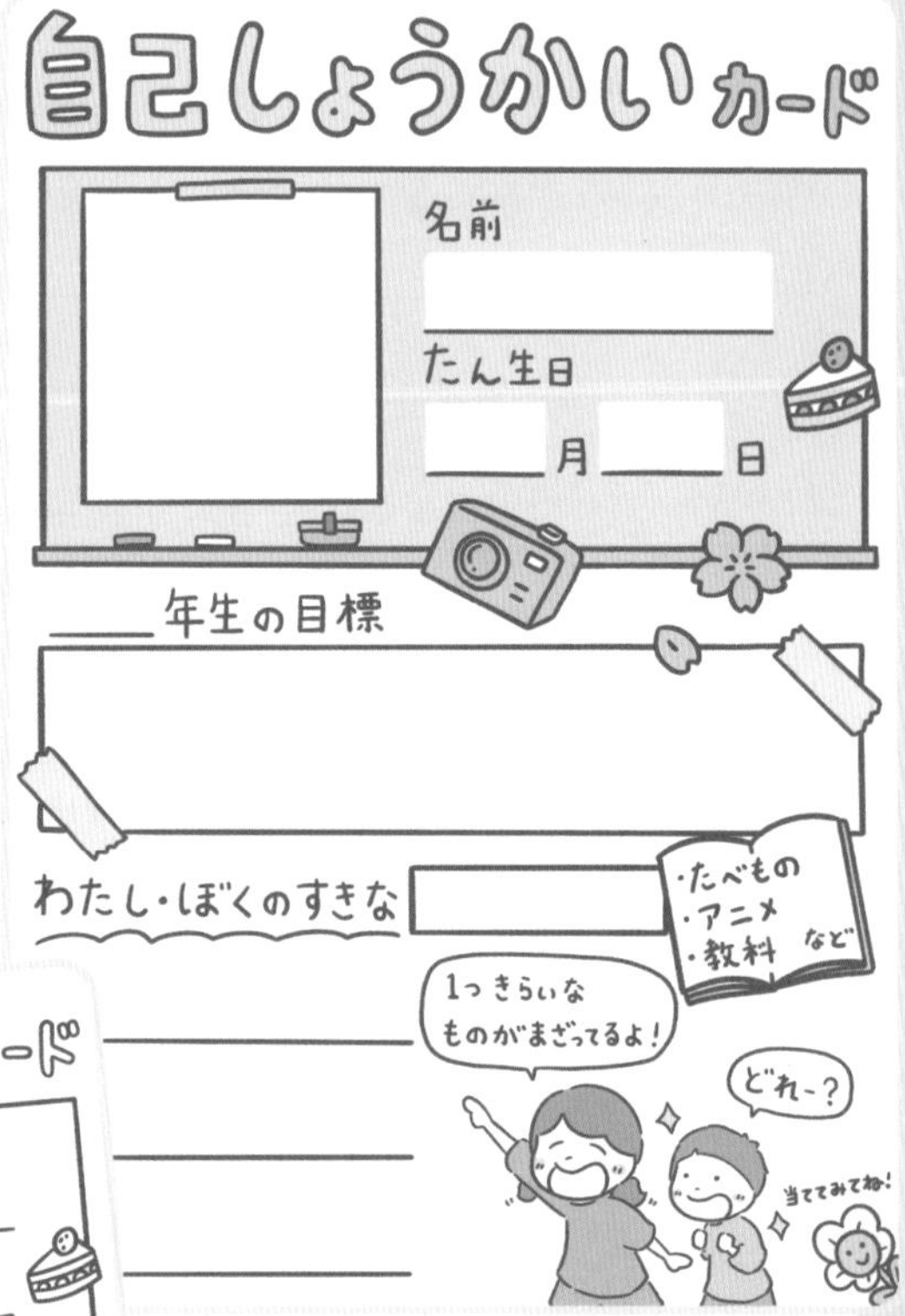

低学年用、高学年用で分けました。カラーとモノクロ、それぞれダウンロードできます。モノクロのカードは自分で色塗りするのも楽しいですよ！

※ ダウンロード方法はP.142をご確認ください

CHAPTER

2

何気ない日々が宝物

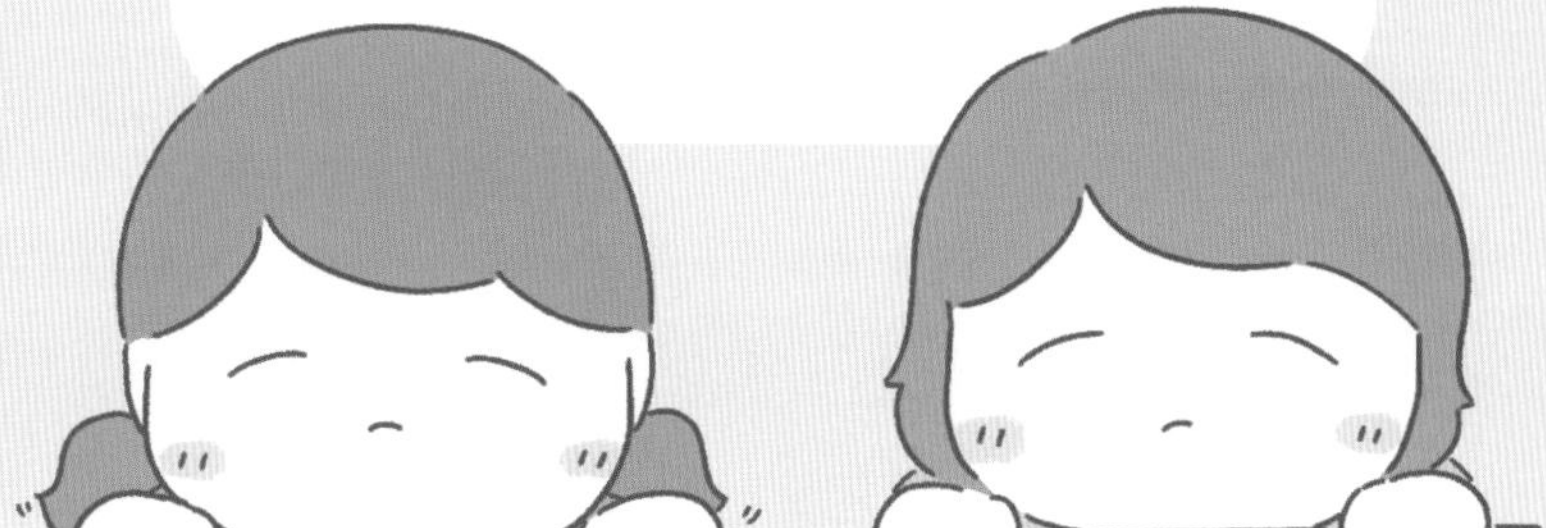

単位の勉強

算プリ
(さんちゃん)
① 1000億の10倍は？
(10000億)
うーーん
いち、
じゅう
ひゃく
せん
まん..
億の次の位の単位分かる？
おくの次…
あ！わかった!!
おぉ
うーん
ドル!?
先はまだまだ長そうです…

まさかのドル（笑）
子どもの予想外すぎる返答に、
思わず固まってしまいました！

宿題

先生！今日の宿題これだけ？
Ⓢ 漢ド ⑳ 算プリ1まい
Ⓜ
ーそやでーン！
うたげだー
いつもより少ないよー！
少ない？
そうかー
Ⓢ 算プ
うそうそうそうそ!!

チラッ
ピタッ
も
し
算プリ
まって
まってまって！
チラッ
ピタッ
算プリ
漢
ニヤァ
いじわるや！
おもしろい（笑）

おもしろくてつい遊んでしまいました。
その日の宿題は、子どもたちにとっては大問題なのにね。
ごめんね…。

カッパプロジェクト

せんせ〜!
ん?
たろう君とさん君が
カッパプロジェクトに
入れてくれない〜
わたしも
入りたいぃぃい
ちょっと
おいで!
ビクッ

仲間外れはあかん！
はい…
カッパプロジェクト入れてくれるって！
ごめんね
うぅ…
ありがとう
カッパプロジェクトと言うたびに
次は理科室いこう〜！
わーい
笑いそうになりました（笑）

カッパプロジェクトってなんだろう…。
子どもたちは仲直りした後、
理科室に（カッパを？）探しに行きました。

稲かり

今日は稲かりです
9月28日

稲かりの
予習してきた！

自学ノートにしてきた！
えーっとあった！
えらいなー

じゃーん

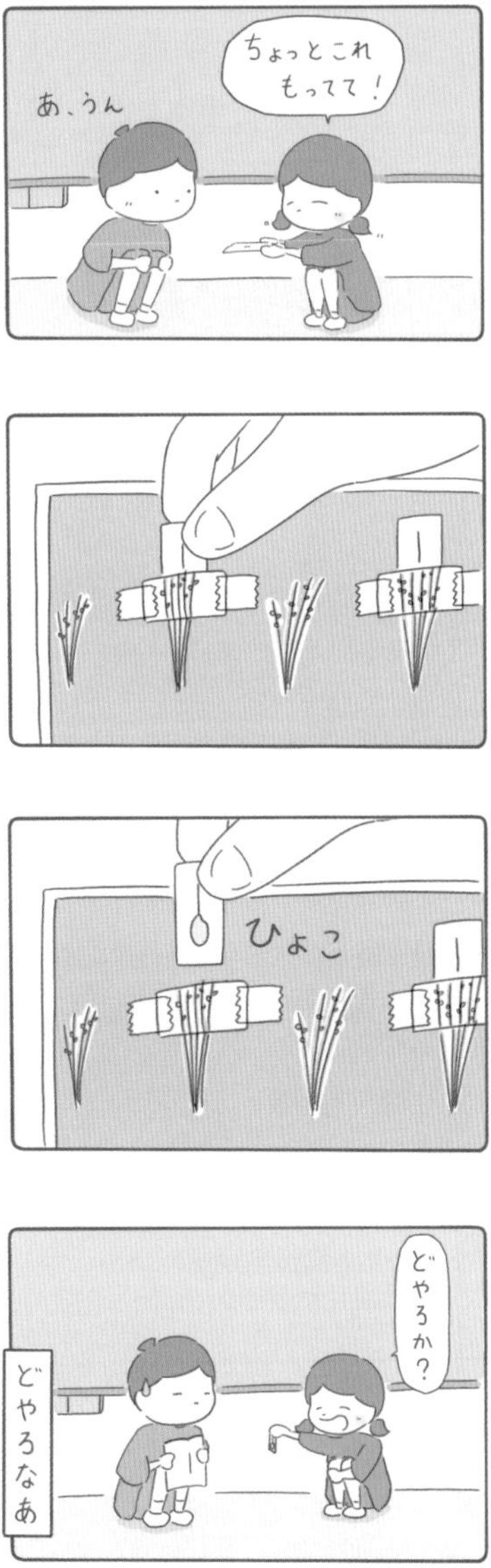
ちょっとこれもってて！
あ、うん
ひよこ
どやろか？
どやろなあ

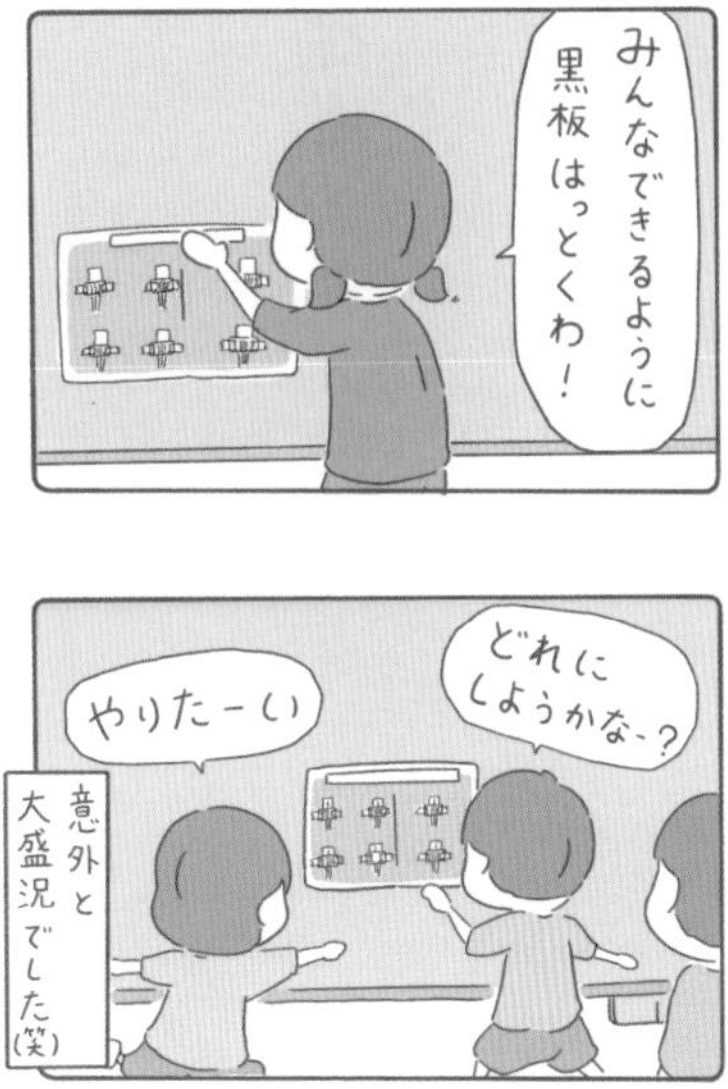
みんなできるように黒板はっとくわ！
どれにしようかなー？
やりたーい
意外と大盛況でした(笑)

これは予習になるのかな？(笑)
普段は真面目な子が
作ってきたので、そのギャップが
すごくかわいかったです。

交換ノート①

ぼくは子ども達と
交かんノートをしている
ノートの名前は子どもが決める
あみ先生とのなんでもノート
さんちゃん
こうかんノート
さんたろう
ぼくからの内容は
その子のいいところや
友だちが給食をこぼした時にやさしい声をかけてたね！
大丈夫だよ
ありがとう
がんばっていたところ
今日の算数、あきらめずに色々な方法でチャレンジしてたね
自分で1回やってみる！

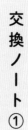

子どもたちのことをもっと知るために交換ノートをしています。
すぐに返事を読んでいる子どもたちがかわいすぎます。

交換ノート②

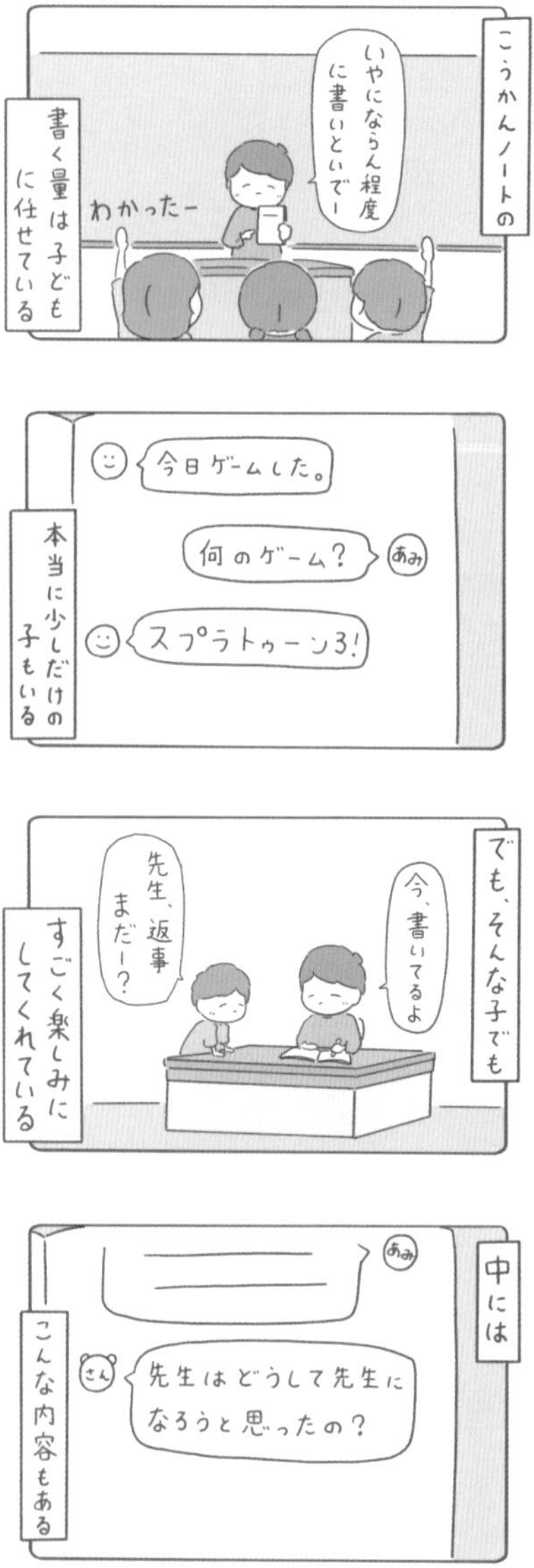

こうかんノートの
いやにならん程度に書いといでー
わかったー
書く量は子どもに任せている
今日ゲームした。
何のゲーム？
あみ
スプラトゥーン3！
本当に少しだけの子もいる
でも、そんな子でも
今、書いてるよ
先生、返事まだー？
すごく楽しみにしてくれている
中には
あみ
さん
先生はどうして先生になろうと思ったの？
こんな内容もある

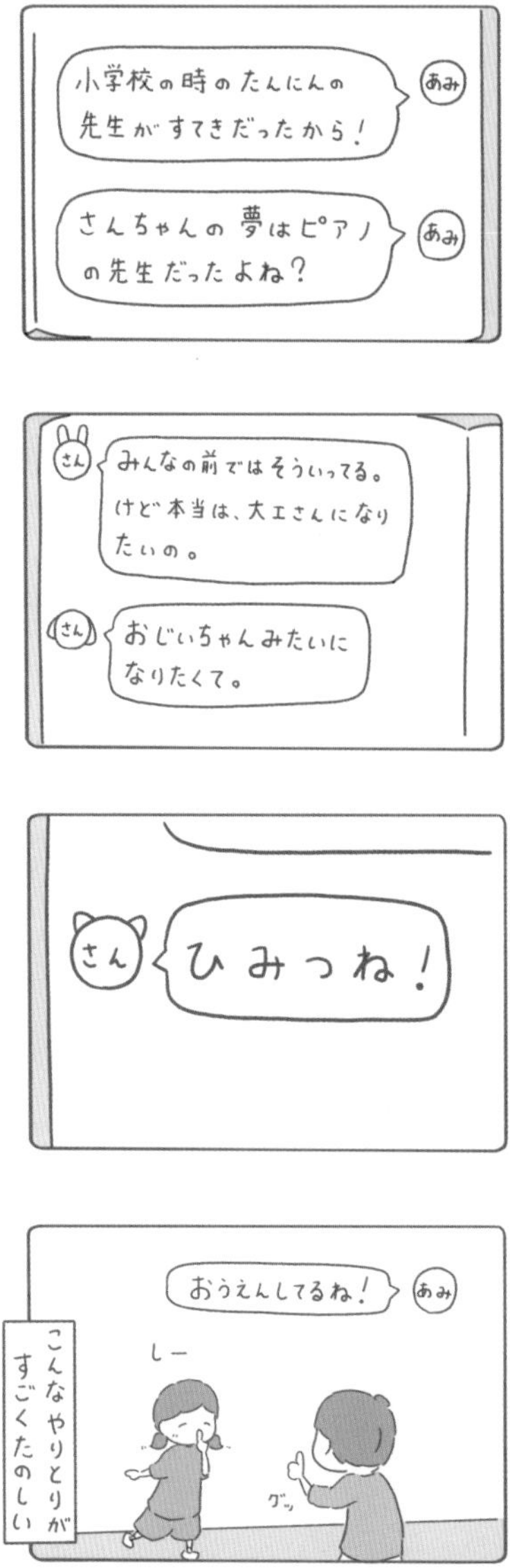
小学校の時のたんにんの先生がすてきだったから！
あみ
さんちゃんの夢はピアノの先生だったよね？
あみ
さん
みんなの前ではそういってる。けど本当は、大工さんになりたいの。
さん
おじいちゃんみたいになりたくて。
さん
ひみつね！
おうえんしてるね！
あみ
しー
グッ
こんなやりとりがすごくたのしい

交換ノートでしか話せないことってあるのです。
2人だけの秘密みたいですごく楽しい〜！
おすすめです！

いよかんゼリー

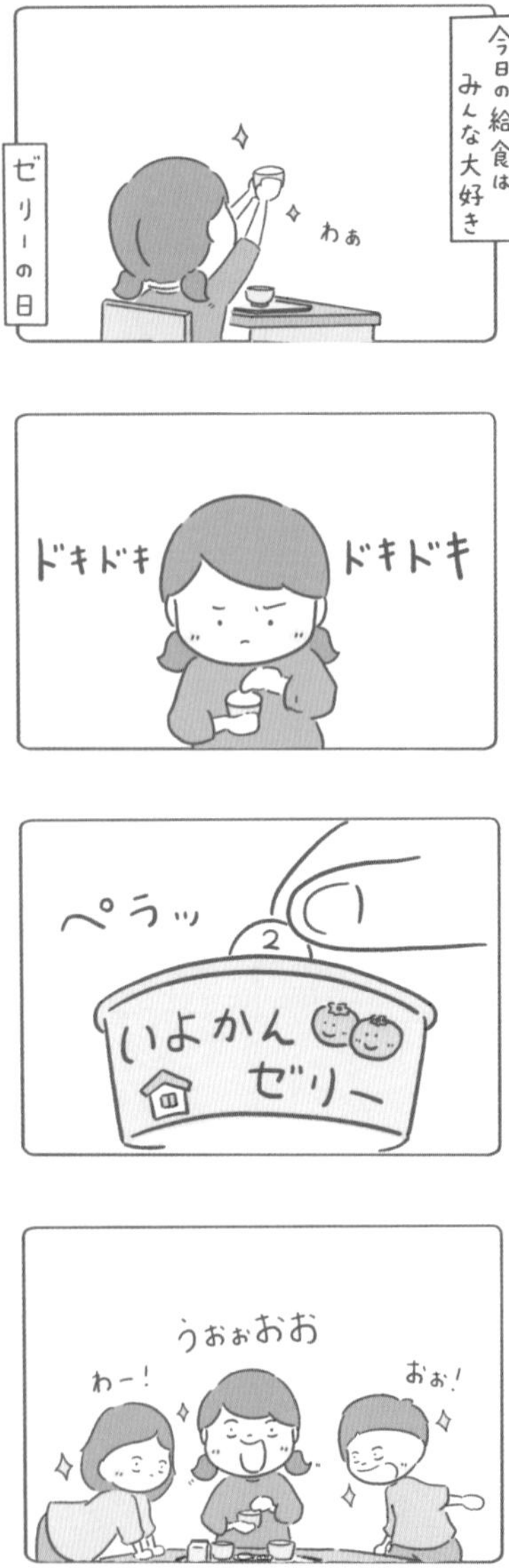

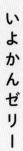

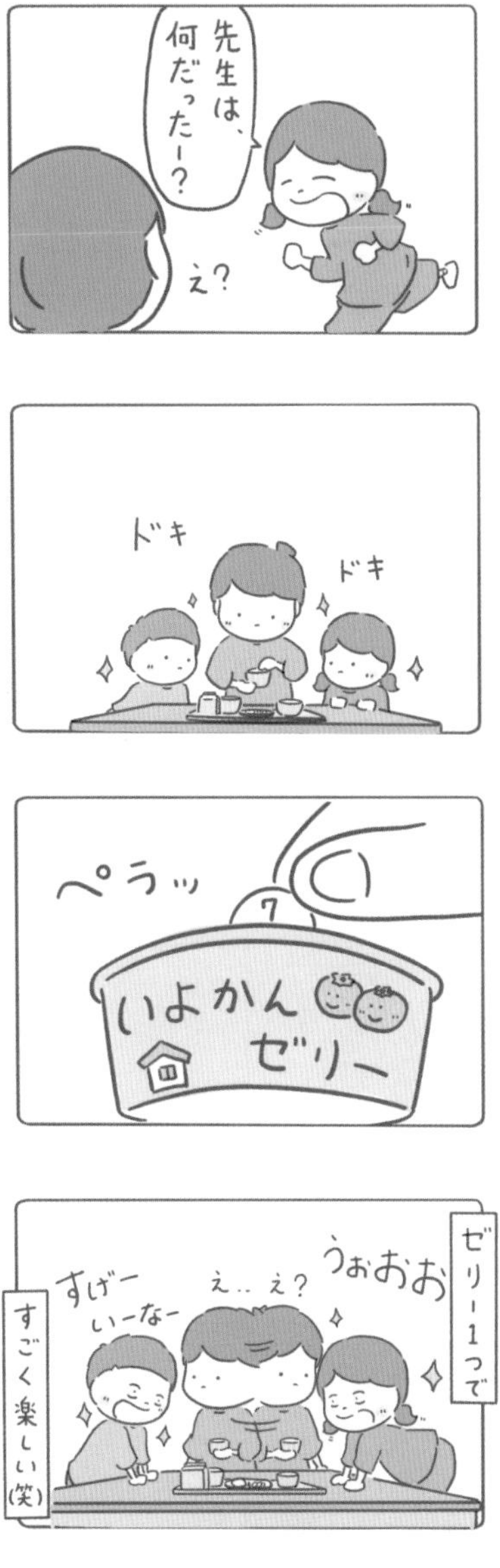

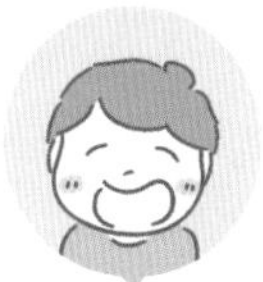

ゼリー一つでこれだけ楽しめるって、
子どもって天才！　こっちまで楽しくなります。

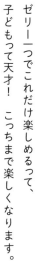

愛おしいけど…

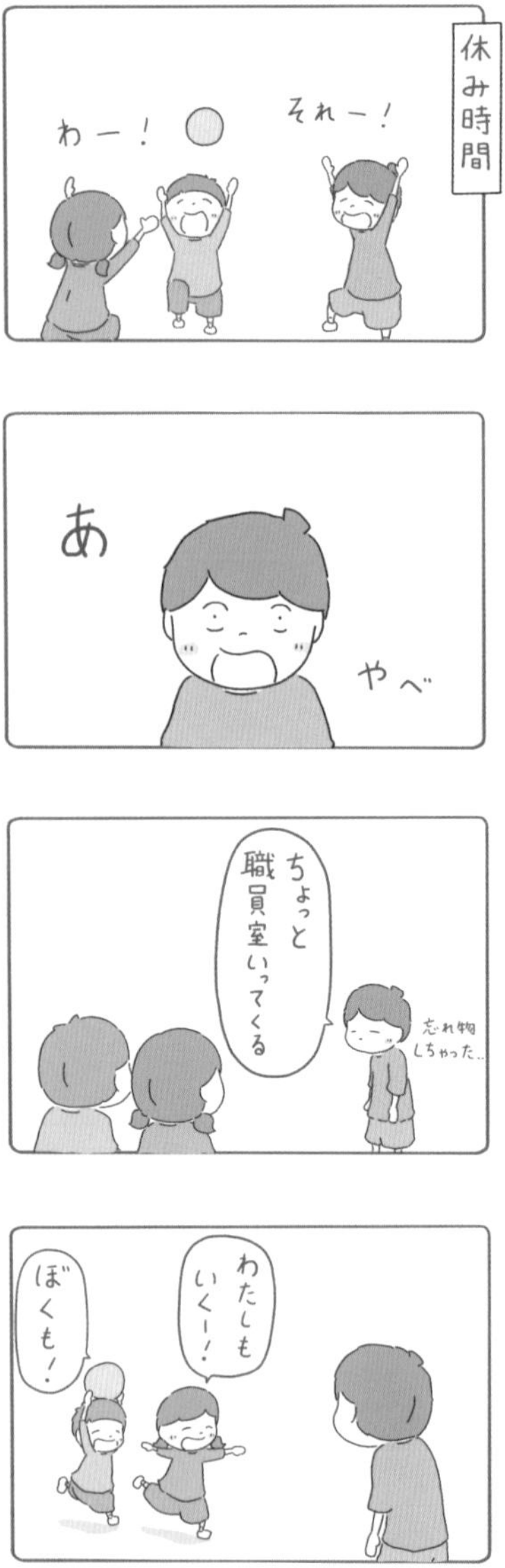
休み時間
わー！
それー！
あ
やべ
ちょっと職員室いってくる
忘れ物しちゃった..
わたしもいくー！
ぼくも！

え、職員室 入れないよ？
いーよー 外でまってる！
まってる～
じゃあ いいけど
なにしてるのー？
ついていってる だけー！
いきたーい
おいで～
愛おしい
こんにちは
こんにちは…
けど はずかしい（笑）

恥ずかしいけれど、かわいい！　うれしい！
職員室には入れないので、廊下で待っていてくれました。

先生の成績

学期末には
先生の成績も書いてもらいます
どーぞ
先生のせいせき
毎回すごく
元気をもらえます
相談のってくれてうれしかった
クラスを明るくしてくれる
授業が楽しい！
先生へのメッセージ
今年、一番多かった内容は…
どれどれ〜
先生にメッセージ
ドッジボールの時本気でなげるの大人気ない。

あははー
遊びの時は
ドリャアア
いつも全力あみ先生(笑)
ぼくには本気でいいよー!!
私も本気がいいー!
ぼくもー!
おれも!
・・・
どっちやねん(笑)

ボールを本気で投げて、子どもが泣いてしまったことがあります。
実は、それ以来トラウマです…。

ヘチマの名前

理科の授業
ヘチマ育てるぞー！
今日のテーマは「ヘチマ」です
たね分けますよー
子ども達のテンションは
やったー！
うぉおお
ばく上がり

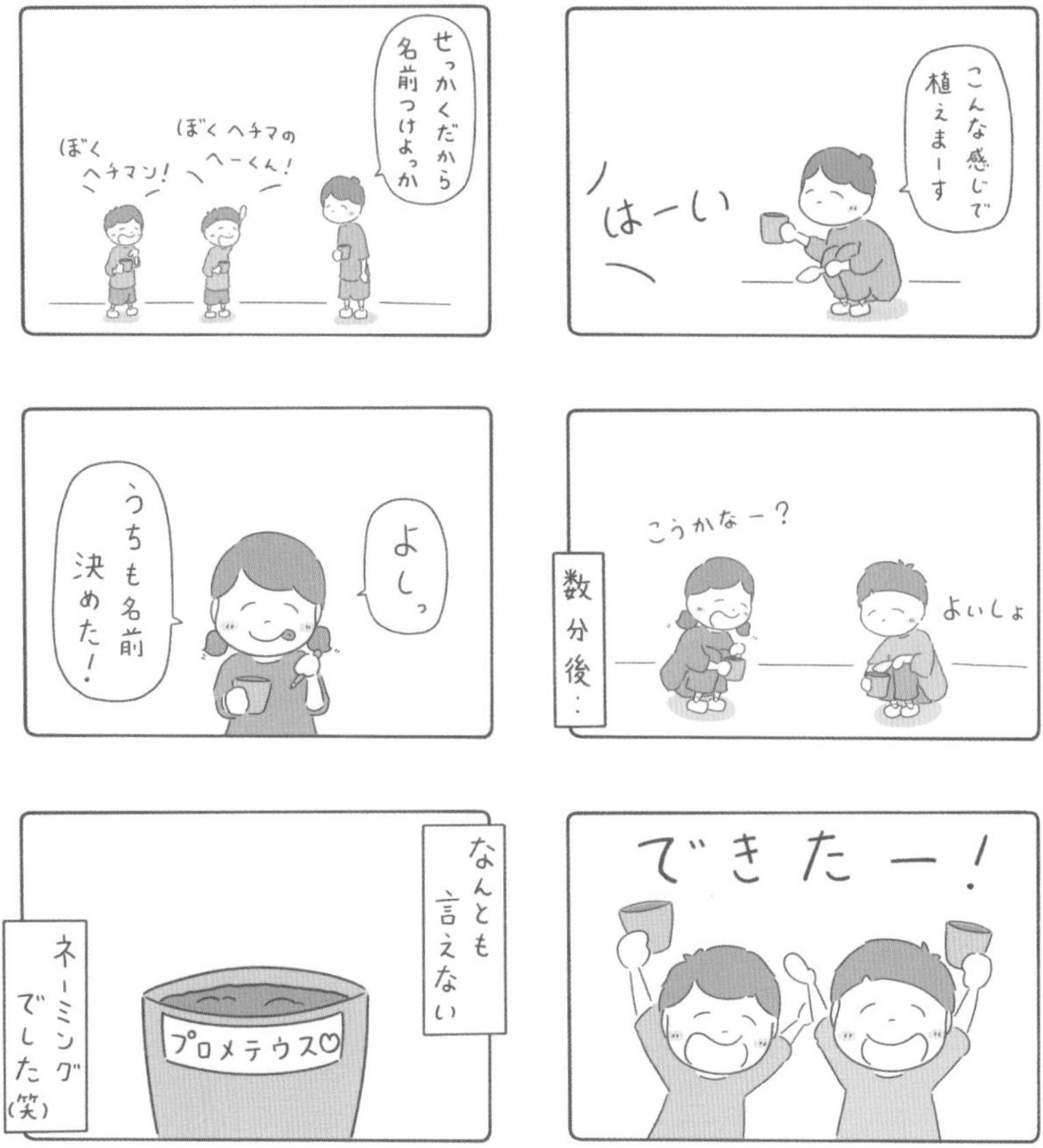

せっかくだから名前つけよっか
ぼくヘチマのへーくん!
ぼくヘチマン!
よしっ
うちも名前決めた!
なんとも言えない
ネーミングでした(笑)
プロメテウス♡
こんな感じで植えまーす
はーい
数分後…
こうかなー?
よいしょ
できたー!

プロメテウスとは…。
詳しく聞くと「破壊神プロメテウス」だそうです。
残念ながら、ヘチマの芽は出てきませんでした。

次の授業は…

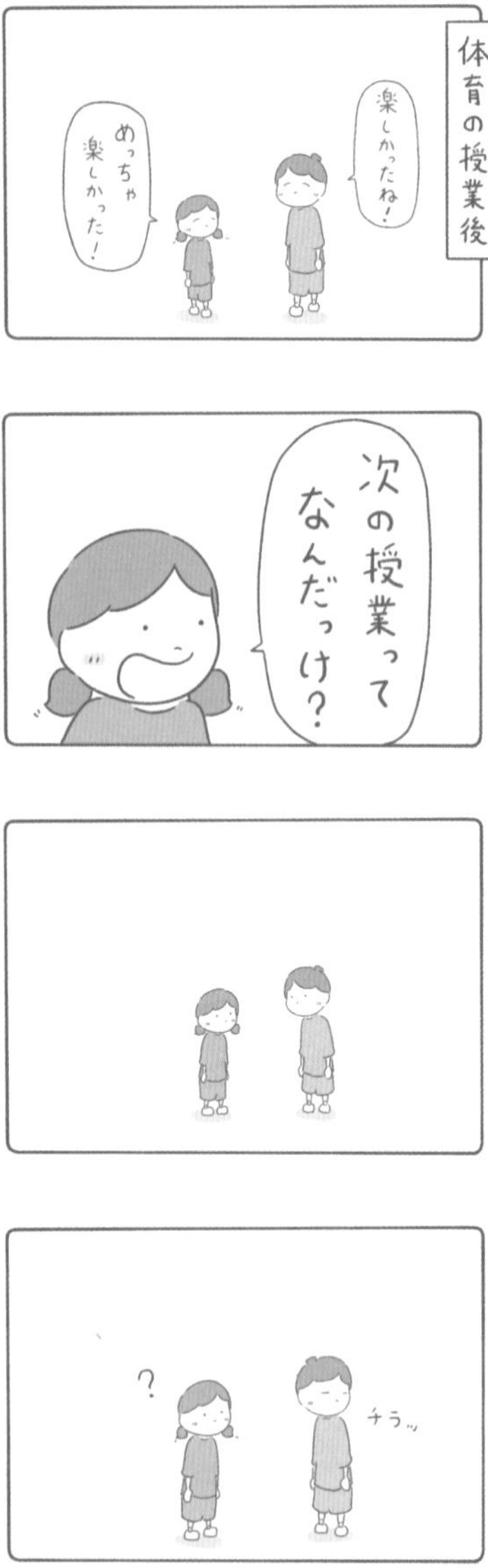
体育の授業後
楽しかったね!
めっちゃ楽しかった!
次の授業ってなんだっけ?
?
チラ…

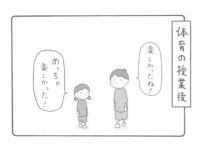

テストでごめんね。
テストという響きだけで嫌だよね。
でも、先生は時間に余裕ができるから実はうれしかったりして…。

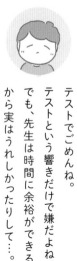

机のまわりで②

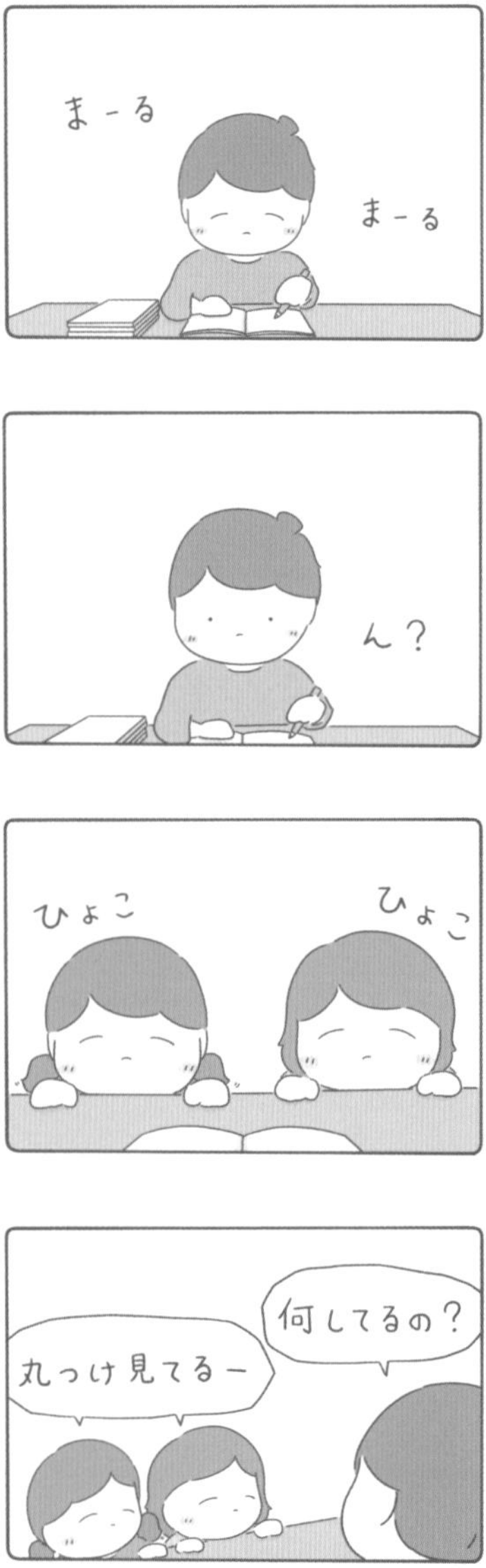
まーる
まーる
ん？
ひょこ
ひょこ
何してるの？
丸つけ見てるー

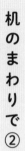

あそんだら？
やること
なぃんだもーん
ねー！
見てて
たのしい？
たのしーい！
そうですか(笑)
じー
こういう時間がすごく好き
先生のかお
おもしろーい
おぃ
おぃ…

ひょっこりさんが2人！
暇だからって丸つけを見に来るのがかわいいですよね。
「これ○○さんの字だ！」と当てっこしています。

ちょっと一息

あみたろう先生の1日

学校の先生の1日はこんな感じ!
あみたろう先生の1日のスケジュールを紹介します。

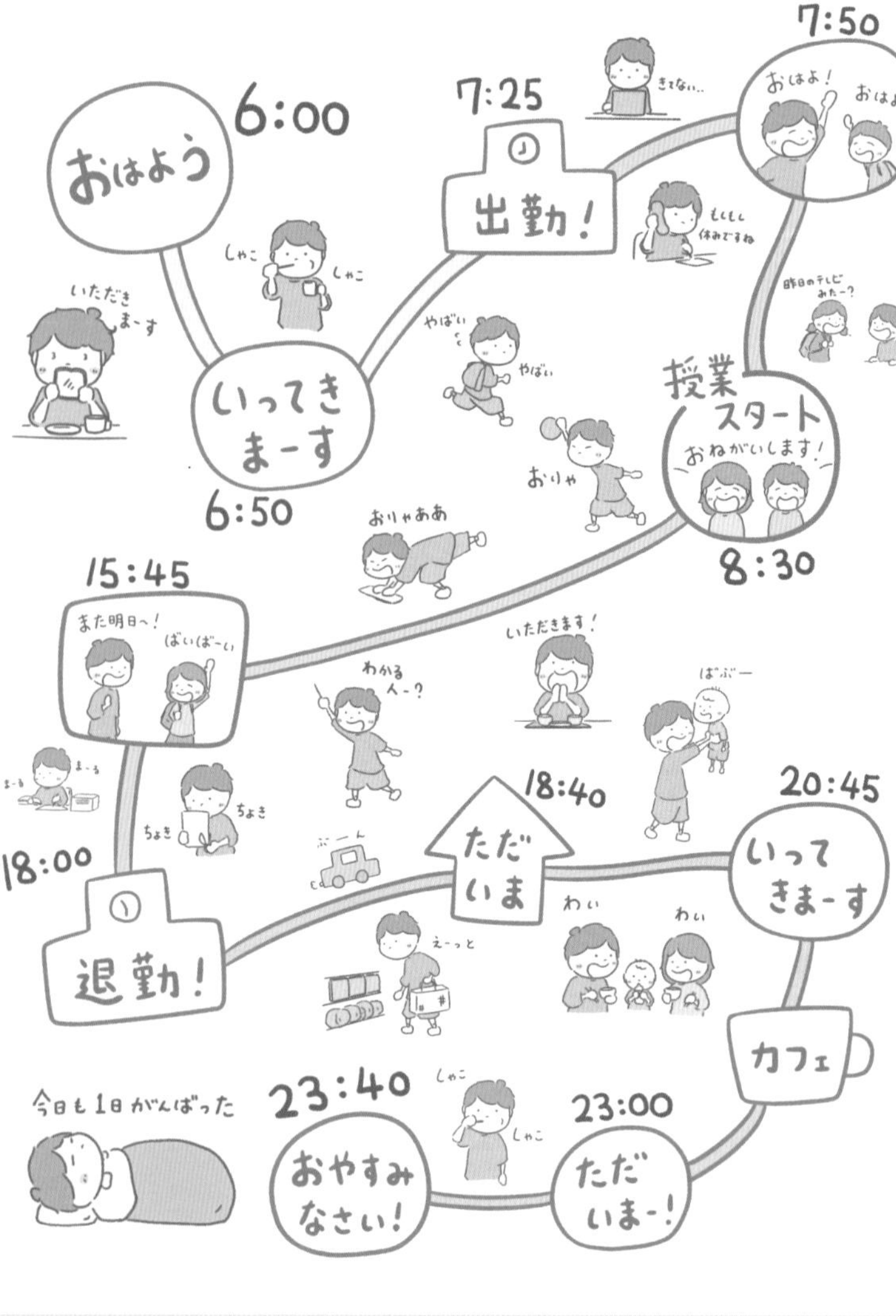
6:00
おはよう
いただきまーす
しゃこ
しゃこ
6:50
いってきまーす
やばい
やばい
7:25
出勤!
きてない…
7:50
おはよ!
おはよ!
もしもし
休みですね
昨日のテレビみたー?
みた-
授業スタート
おねがいします!
8:30
おりゃ
おりゃあああ
15:45
また明日〜!
ばいばーい
わかる人ー?
いただきます!
ばぶー
まーる
まーる
ちょき
ちょき
18:00
退勤!
ぶーん
18:40
ただいま
20:45
いってきまーす
わい
わい
えーっと
カフェ
今日も1日がんばった
23:40
おやすみなさい!
しゃこ
しゃこ
23:00
ただいまー!

CHAPTER

3

山あり谷あり、峠あり!?

はずかしがり屋のまるちゃん①

授業中
問 ① 23×30 =
答えはどうなりますか?
チラッ
はい!はい!
はい!あててー!
じゃあさんちゃん
690です!
はいありがとう
同じです!
いいです!

問 ①23×30＝690
②54×40＝
次は②を2分でといてみよう！

もうできたの？
うん

できてる…あってる…

はい時間です
②の答え言える人ー？

はーい
もっかいあててー！

あらら…
せんせー
あててー
チラッ
あててよー

「分かる人？」と聞くと、
すぐに目をそらすまるちゃん。
発表って恥ずかしいよね。
勇気いるよね。

はずかしがり屋のまるちゃん②

私だって
実は、発表したいんだよ！
でもね！すっごく勇気がいるんです!!
え…
あ．うん。
わかりますか！
・・・
え？
先生もだよ(笑)

先生も研修とかこんな感じ
感想等ありませんか？
だれかお願い！
同じじゃん!!
ドキドキするよね！
するー！
勇気がでるように応援してるね！
私も応援してるね！
ハハ

① 26 × 31 =
どうなりますか
ピクッ

僕は研修などの質問時間で、なかなか手を挙げることができないタイプです。まるちゃんはできるかな？

はずかしがり屋のまるちゃん③

2人とも説明が上手だな〜
ポンッ

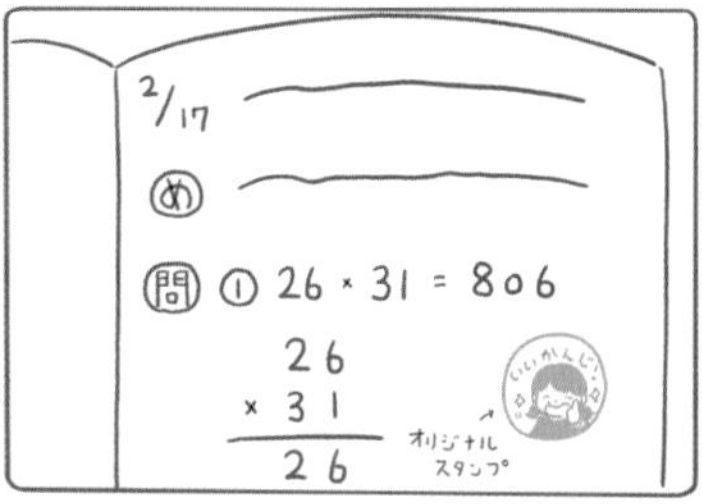
2/17
め
問 ① 26×31=806
26
×31
26
オリジナルスタンプ

お！いいね〜！
わーい

はい1分たちました
答えはどうなりますか？

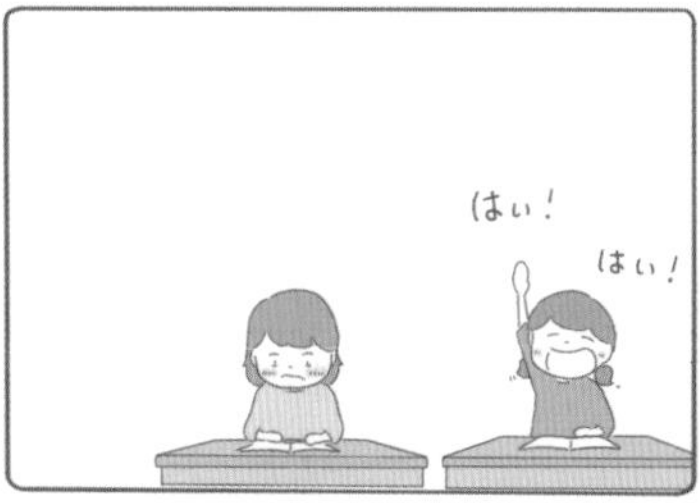
はい！
はい！

はい

誰でもスタンプはうれしいもの。
子どもたちは
すごく喜んでくれます。
スタンプに勇気をもらった
まるちゃん、がんばれ！

はずかしがり屋のまるちゃん④

発表ができたまるちゃん
832です
授業後
グッ
てれてれ
くね
くね
かわいい
まるちゃんちょっとお手伝いして

何するのー？
次の準備物多くて
もつの手伝って！
？
がんばった時は
さっき発表
がんばったね
たくさん
ほめる
何がー？
えー
くね
くね
すごく
かわいい(笑)

発表できました！
恥ずかしがり屋の子は、こっそり呼んで褒めています。
くねくねして照れる姿がかわいすぎます。

はずかしがり屋のまるちゃん⑤

学校でも
がんばったね！
たくさんほめて
くね
くね
放課後には
今日、手あげましたよ
おうちの人にもお知らせ
アハハ本当ですか!?
たくさんほめときますね
次の日
先生、昨日電話したでしょ
くね
くね

少しずつ
この問題の答えはどうなりますか？
少しずつ
発表できるようになった
今では
分かる人ー？
まっすぐ
はい
手をあげるようになった
おはよ！
おはよ！
はい、今週の交かんノート

今日も発表がんばったね！すごい！
あみ
まる
もう楽勝！
まる
先生ありがとね！
本当によく
グッ
くね
くね
がんばったね

まるちゃんがんばりました。
それ以来、
発表できるようになりました。
これからも応援しているぞー！

挑戦①

2学期も
のこりわずか
遠足
発表会
冬休み
最近の朝はこう
早く着がえなさーい
うぇーい
ピピー
イエロー
授業中はこう
手遊びしなーい
教科書ひらく!
休み時間
当番の仕事しなさーい
いこうぜー

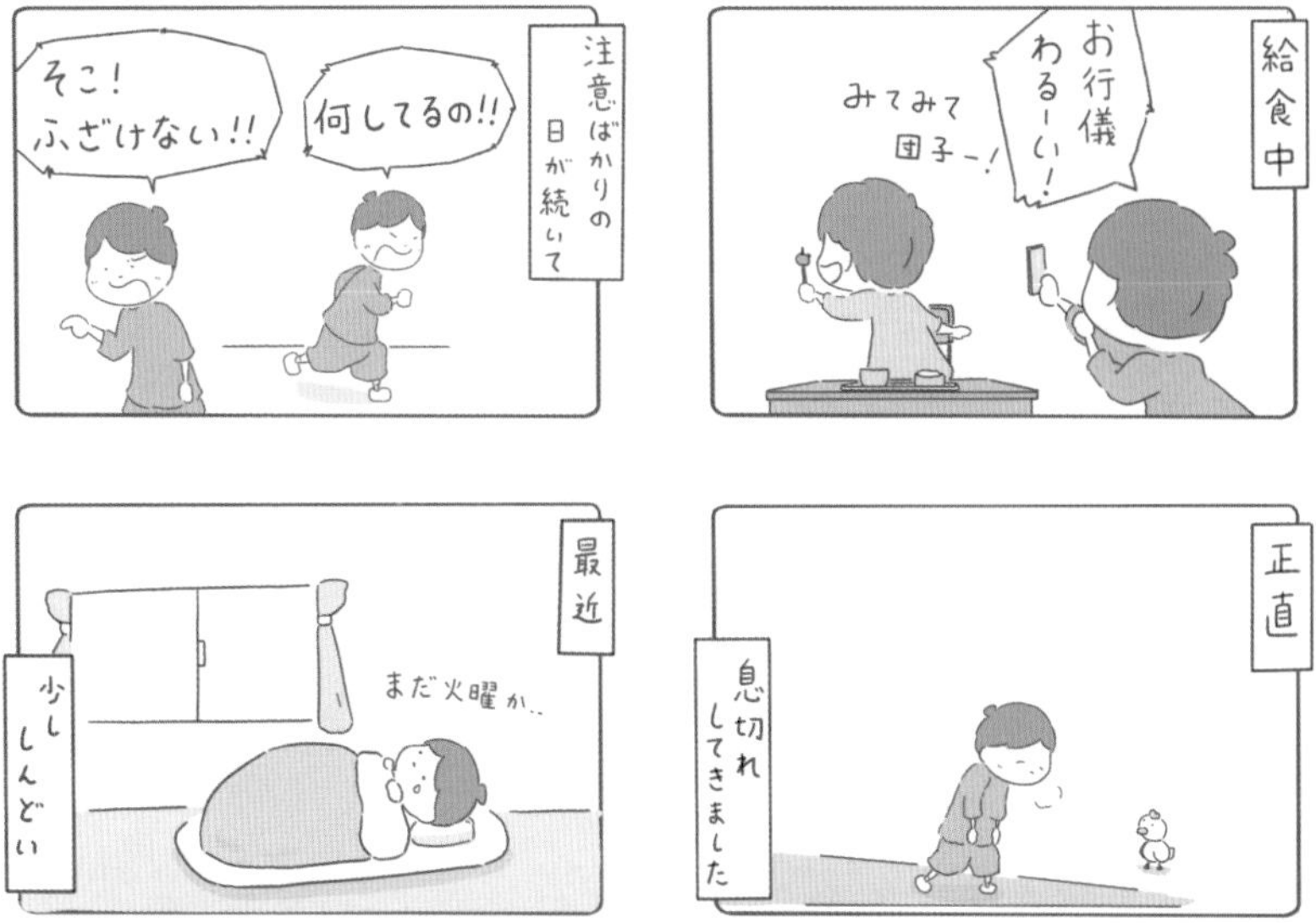
給食中
お行儀わるーい!
みてみて団子ー!
注意ばかりの日が続いて
そこ!ふざけない!!
何してるの!!
正直
息切れしてきました
最近
少ししんどい
まだ火曜か..

おつかれさまでしたー
おつかれ!
何かちがう

しんどい時期ってありますよね。
うまくいかなくて、
注意の回数も増えて
もっとうまくいかなくなって….
しんどいことが
続くとつらいです。

挑戦②

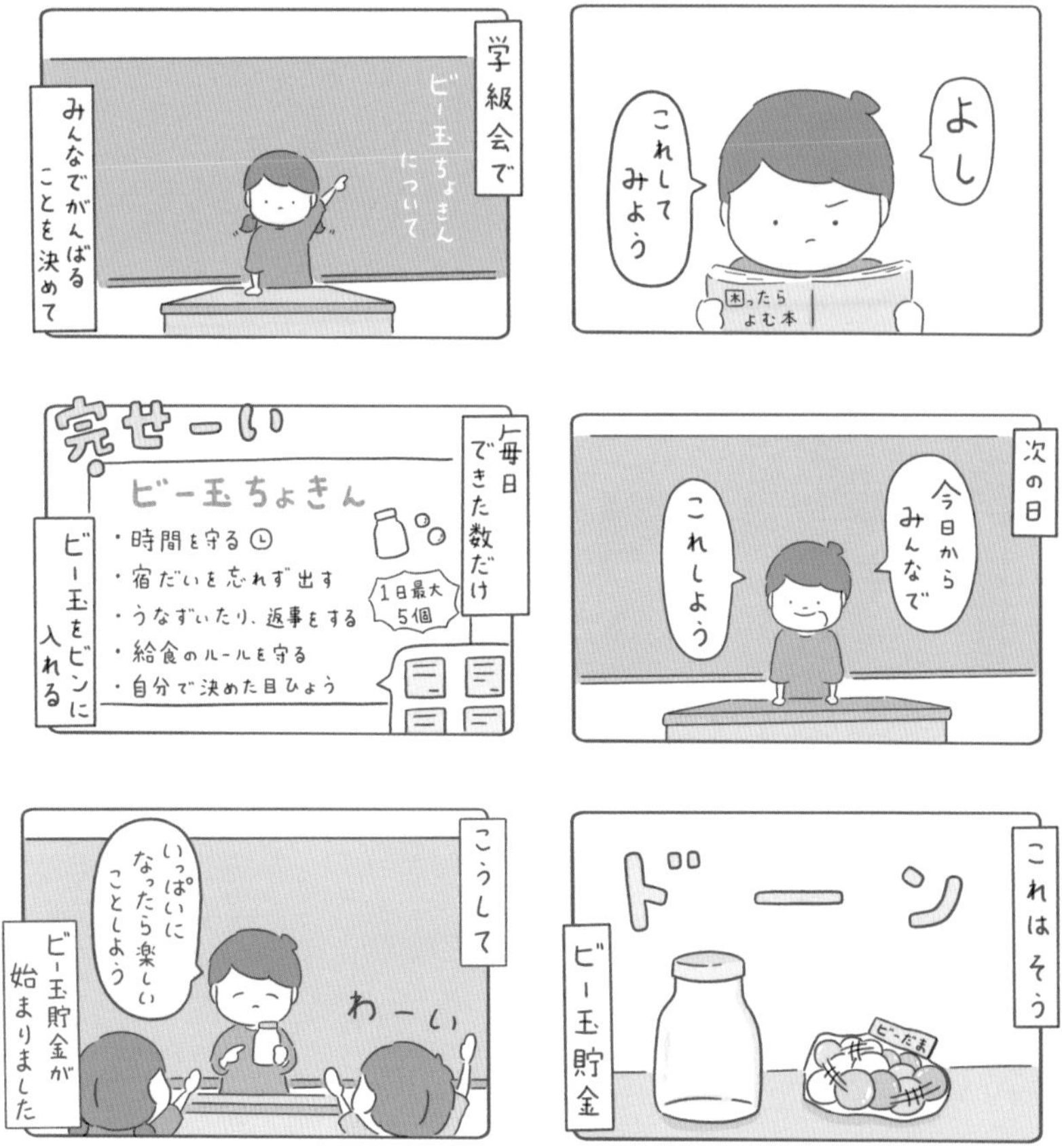

ビー玉貯金がスタート。
溜まったら楽しいことをしようと約束しました。
これで少しはクラスがよくなるはず！　と思いきや…。

挑戦③

1日目
記念すべき
みんな見てー!
ちょっとまてーい
ピピー
イエロー
早く着がえなさーい
ピピー
イエロー
ヤベ
あれ?
かこーん
今日は1コです!
えー

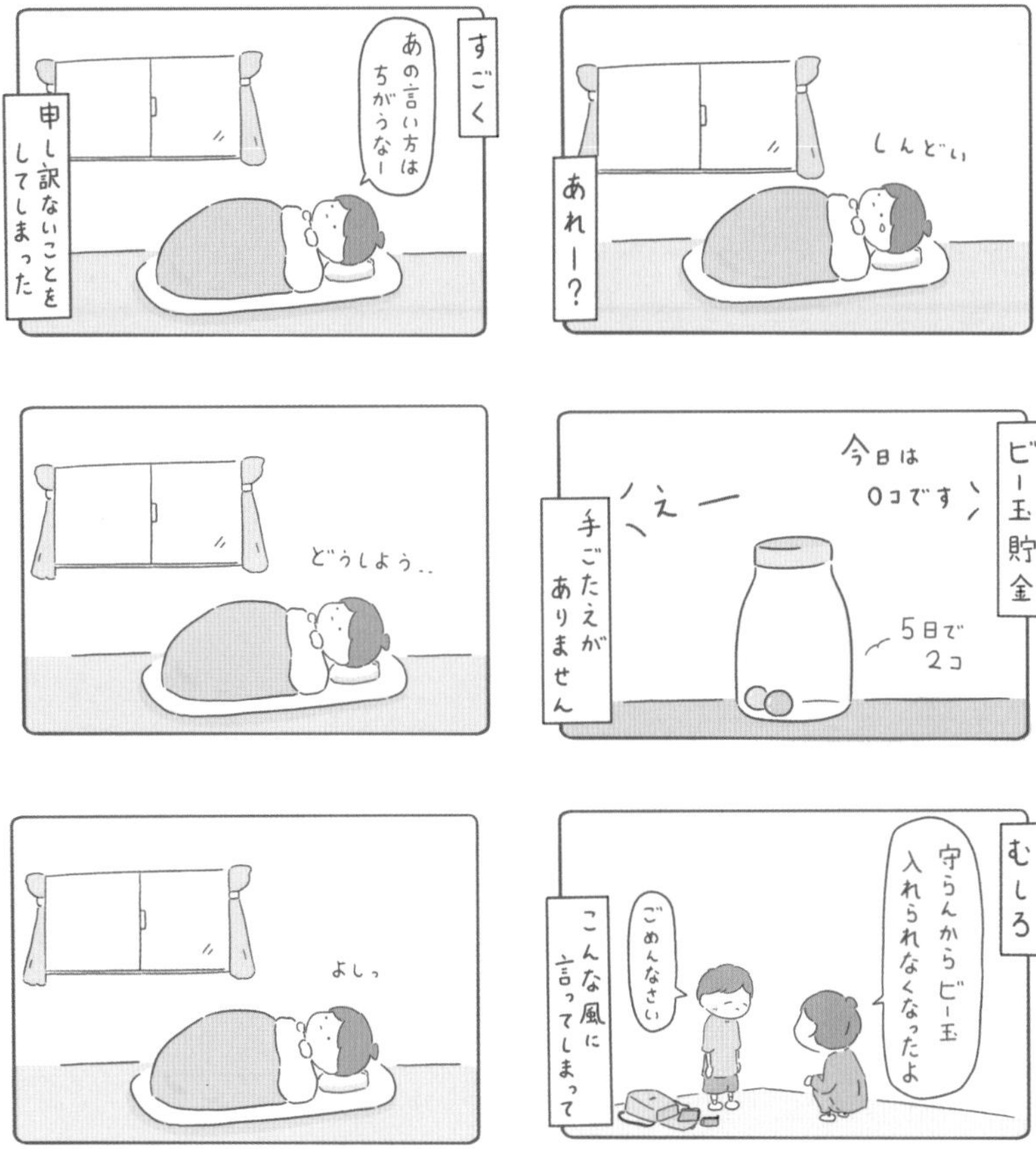
あれー？
しんどい
ビー玉貯金
今日は0コです
えー
手ごたえがありません
5日で2コ
むしろ
守らんからビー玉入れられなくなったよ
ごめんなさい
こんな風に言ってしまって
すごく
申し訳ないことをしてしまった
あの言い方はちがうなー
どうしよう..
よしっ

なぜか全然クラスがよくならない…。
それどころか、指導の仕方まで間違えてしまい、
「どうしよう」とすごく悩みました。

挑戦④

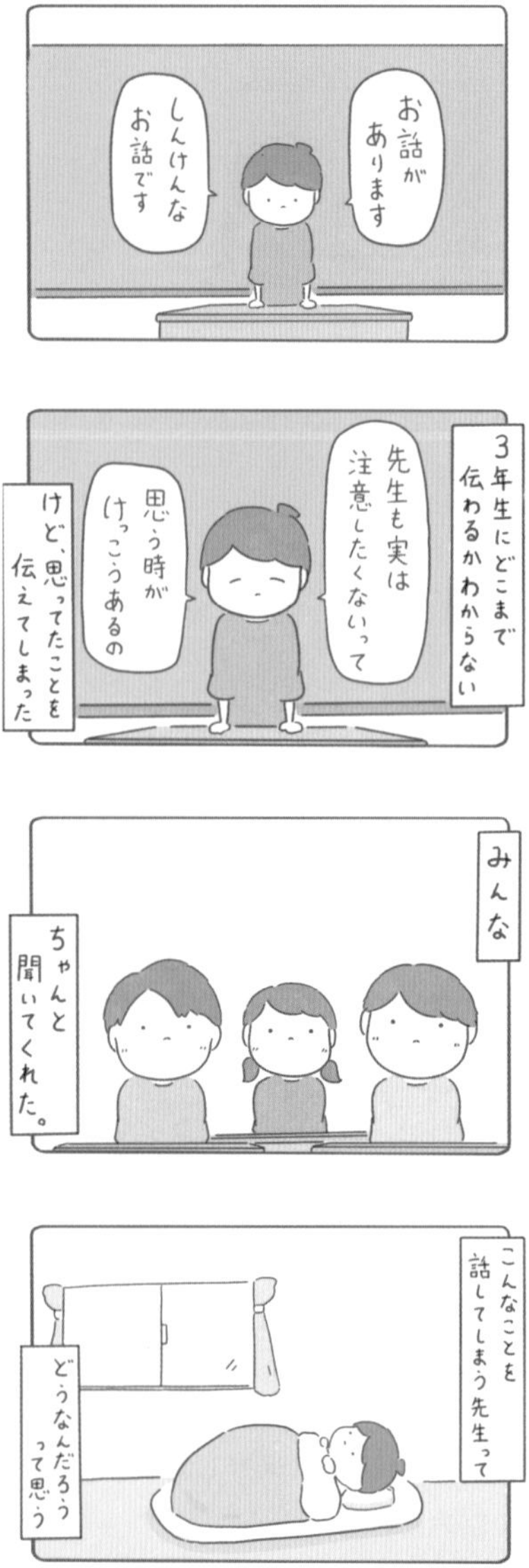

お話があります
しんけんなお話です
3年生にどこまで伝わるかわからない
先生も実は注意したくないって
思う時がけっこうあるの
けど、思ってたことを伝えてしまった
みんな
ちゃんと聞いてくれた。
こんなことを話してしまう先生って
どうなんだろうって思う

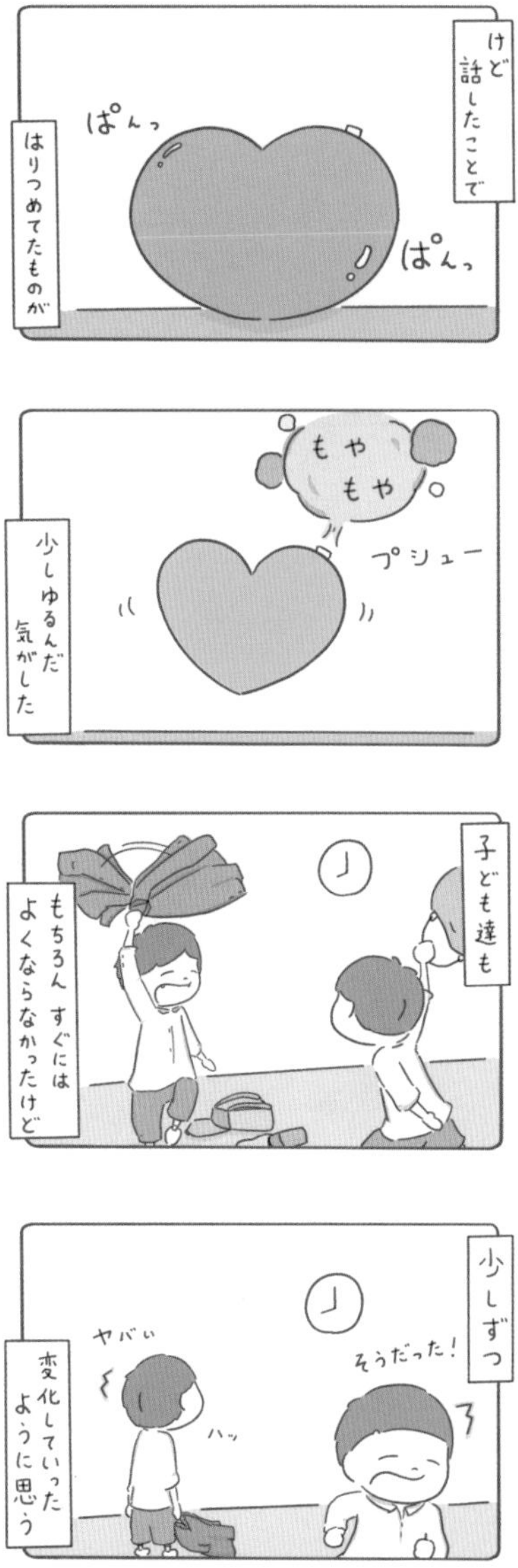
けど話したことで
はりつめてたものが
ぱんっ
ぱんっ
少しゆるんだ気がした
もやもや
プシュー
子ども達も
もちろん すぐにはよくならなかったけど
少しずつ
変化していったように思う
ヤバい
ハッ
そうだった!

せんせー さようなら
また明日～

子どもがよくなる仕掛けをすることも大切だけど、ちゃんと思いを伝えるのも大切。きっと伝わる!!

8の字とび大会①

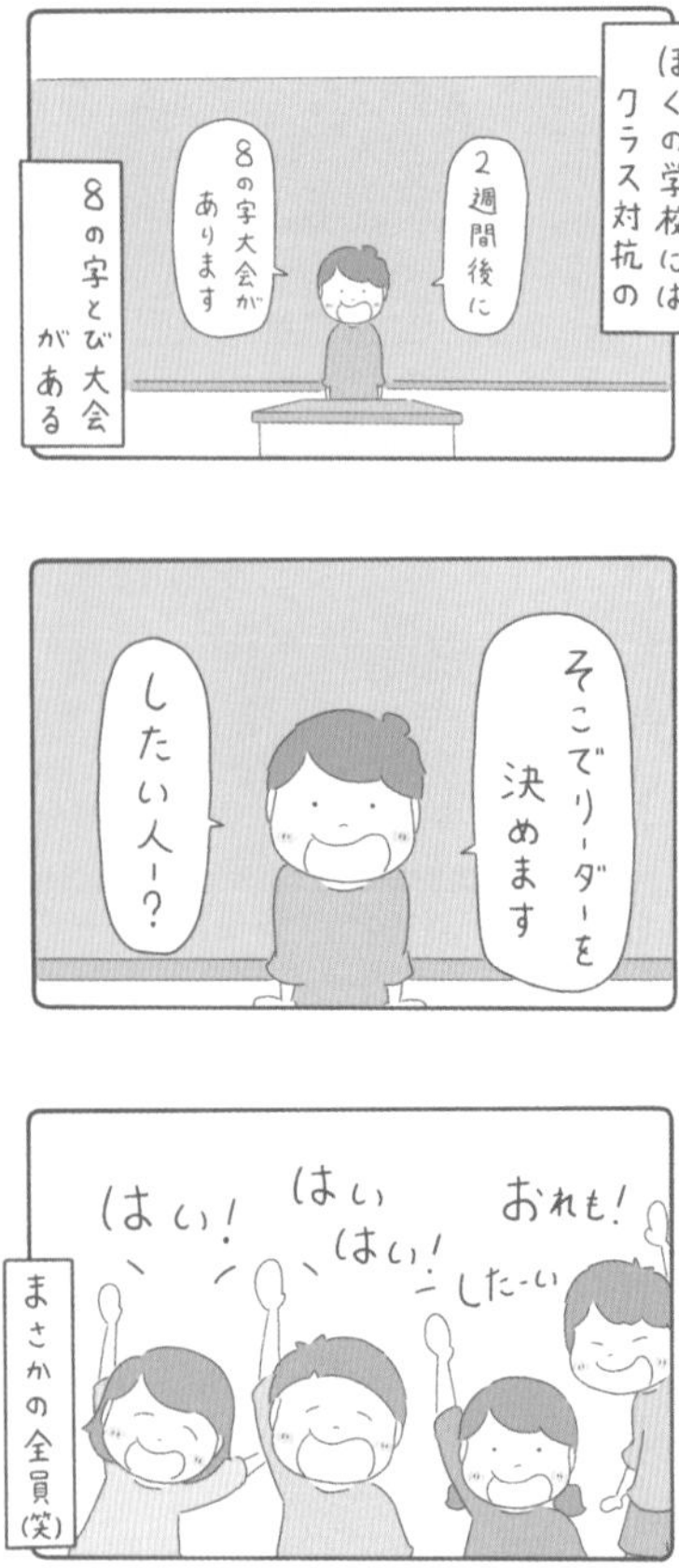
ぼくの学校にはクラス対抗の
8の字とび大会がある
2週間後に
8の字大会があります
そこでリーダーを決めます
したい人ー？
はい！
はい
はい！
おれも！
したーい
まさかの全員(笑)

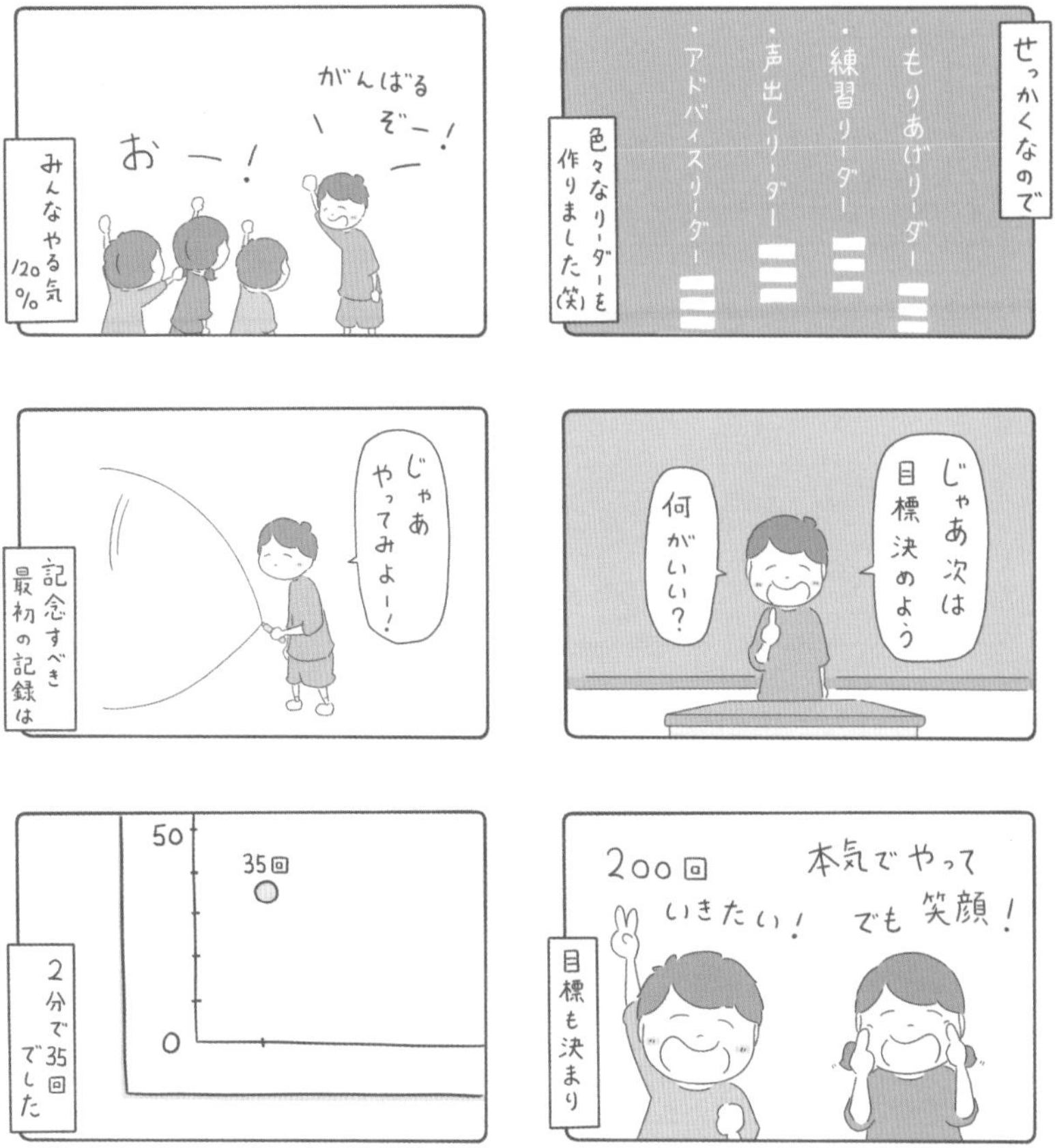
せっかくなので
・もりあげリーダー
・練習リーダー
・声出しリーダー
・アドバイスリーダー
色々なリーダーを作りました(笑)
じゃあ次は目標決めよう
何がいい?
目標も決まり
本気でやってでも笑顔!
200回いきたい!
みんなやる気120%
がんばるぞーー!
おーー!
記念すべき最初の記録は
じゃあやってみよー!
2分で35回でした
50
35回
0

まさか全員リーダーに立候補するとは!
やる気満々な子どもたちです。
最初の記録は35回。これからどうなるかな?

8の字とび大会②

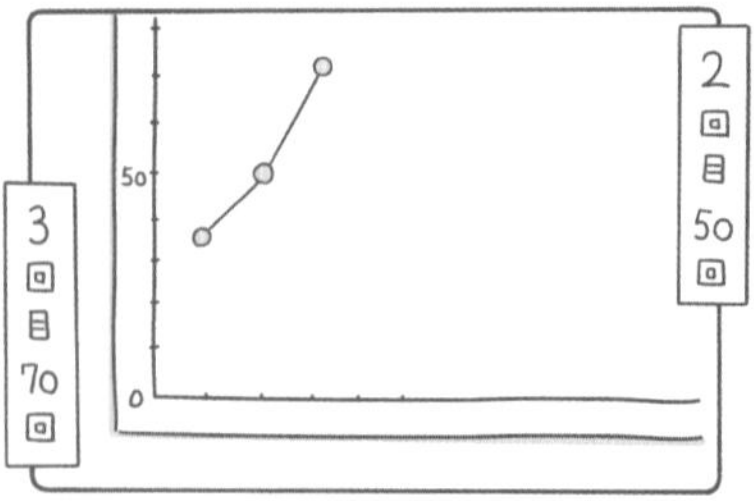
2回目50回
3回目70回
50
0

回数をこなす度
どんどん増えていった
またふえたー！
やった～！

順調だった8の字最高
と思っていたが
もっとしたーい
やった～

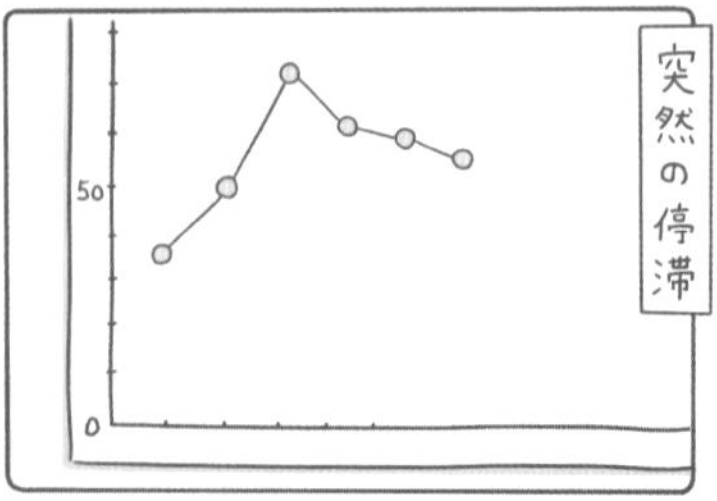
突然の停滞
50
0

励まそうとしたけど
こういう時にがんばれるかだよ!
だ、だいじょうぶ
だんだん空気は
重くなっていった
だいじょうぶ!
こういう時こそ笑顔でがんばろ!

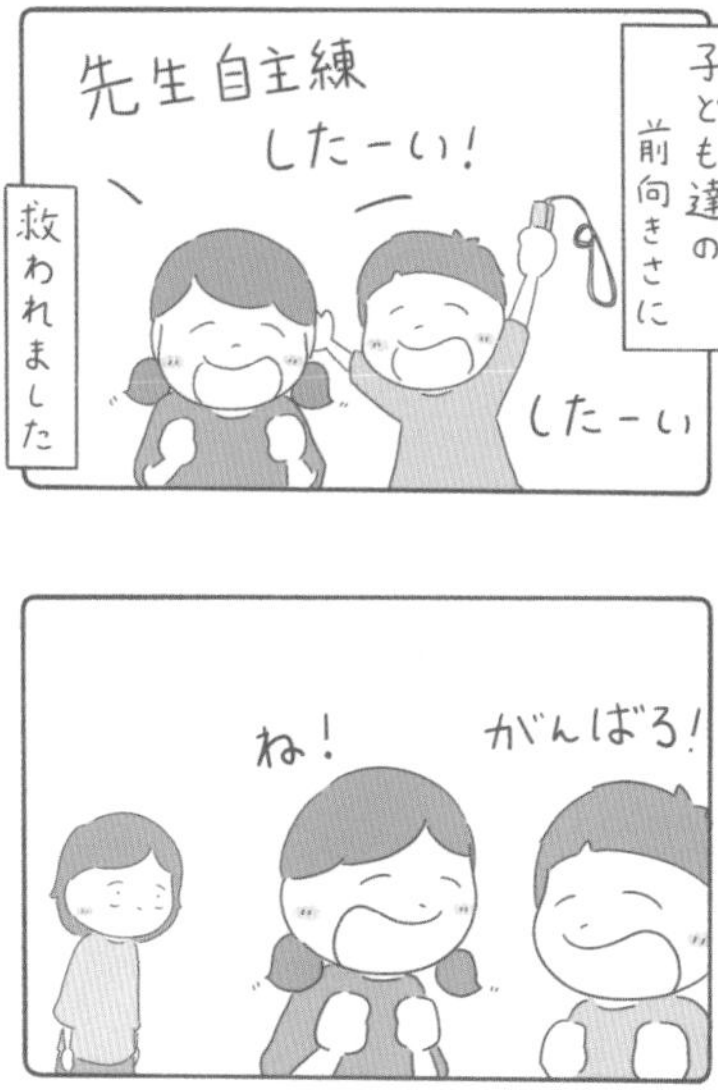

子ども達の前向きさに
先生自主練したーい!
したーい
救われました
ね!
がんばろ!

順調かと思いきや、
急な停滞期。
そんな中「大丈夫!」の声が。
でも、なんだか暗い表情の子が…。

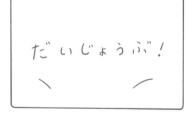

8の字とび大会③

練習リーダーを中心に
みんな練習しよーっ!
自主練が始まりました
今回の記録は…
そのかいもあって
90回!
やった〜
再び記録がのび始めた
けど・・
ね!
やったね!

だいじょうぶ？
こういう子が
ムリしてない？
すごく心配になる
だいじょうぶ…
ぽろっ

クラスみんなで一つのことを頑張るって難しい。
そういう空気が子どもを
追い込んでしまっている時もあるかもしれません。

8の字とび大会④

話を聞くと
はなせる？
うん…
どうしても連続で入れない…
みんな入れるのに…
そっか…
でもわたし
入れるようになりたい…

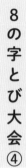

明るくふるまいつつも…
練習する?
うん
クラスの目標が
この子を苦しめていないか
いち、にの さーんね!
うん!
すごく不安になる
いち、にの‥
ぴょん

できた〜!
ごめんね
本当によかった
すごいすごい!!
やった〜!

跳べてよかった!
けれど、実際はすごく心配でした。
跳べた瞬間は、
自分の事のように
うれしかったです。

8の字とび大会⑤

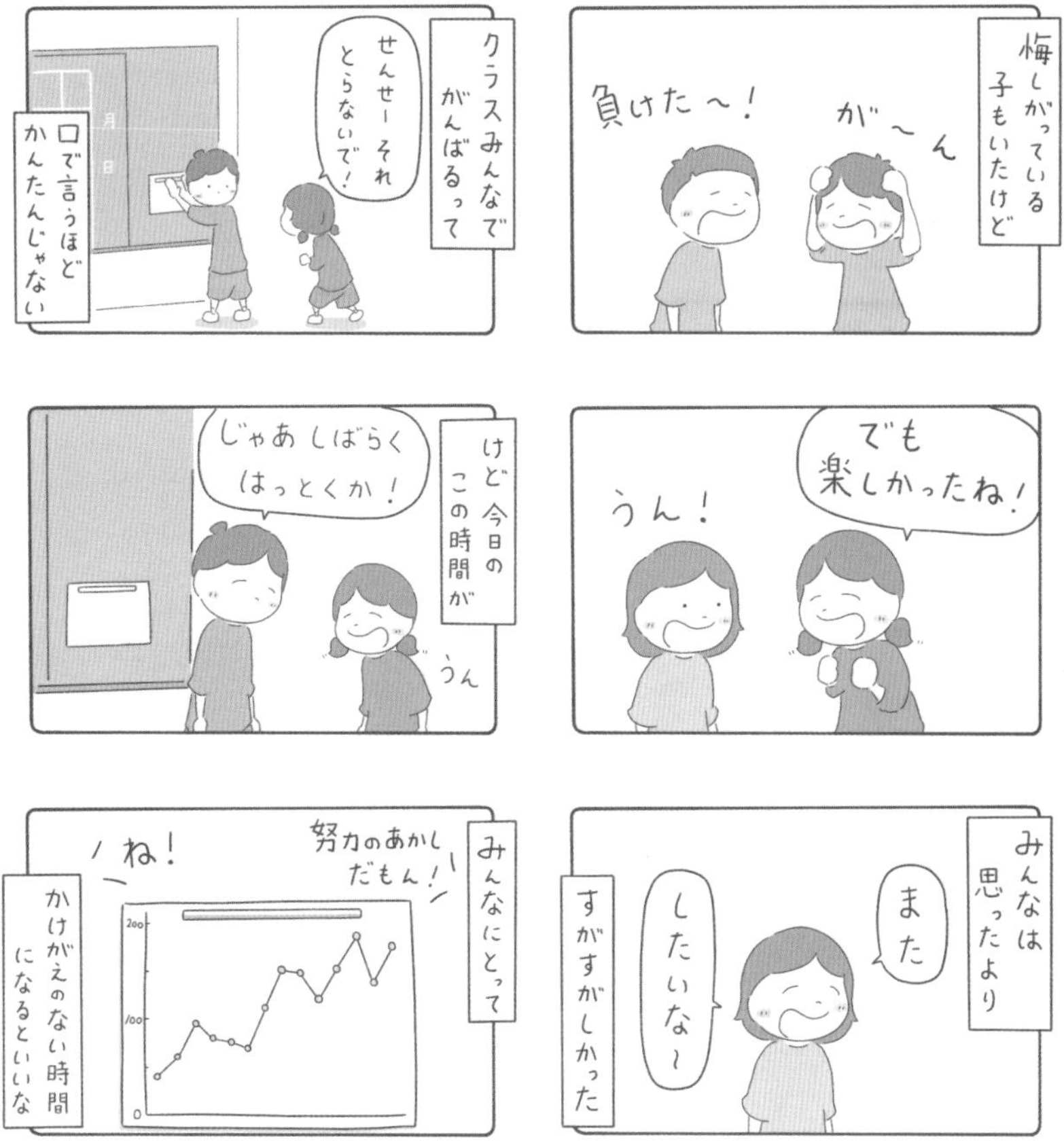
悔しがっている子もいたけど
が～ん
負けた～!
でも楽しかったね!
うん!
みんなは思ったより
また
したいな～
すがすがしかった
クラスみんなでがんばるって
せんせー それとらないで!
口で言うほどかんたんじゃない
けど今日のこの時間が
じゃあしばらくはっとくか!
うん
みんなにとって
努力のあかしだもん!
ね!
200
100
0
かけがえのない時間になるといいな

みんなでがんばることは難しいけれど、
終わった後のクラスは
なんとも言えない充実感でいっぱいです!

ちょっと一息

新学期○○すごろく！

新学期から子どもたちのレク活動として使える、「○○すごろく」を用意しました！ 内容は自由です。「すきなごはんのおかずは？」など自己紹介の要素があったり、「みんなでジャンプ10回！」など動きを取り入れたり、子ども同士の仲が深まるすごろくはいかがでしょうか？

すごろくの内容を子どもと一緒に考えるのもおすすめです！

スタート
すきな色は？
春休みはどこか行った？
にがてな食べ物は？
すきなアイスは？
すきなおかしは？
みんなでもも上げ10回！
今日の朝は何食べた？
宿だいがおわらない！1マスもどる
すきなテレビ番組は？
まえの人とじゃんけん！かったら1マスすすむ
さくら見に行った？
生まれかわるなら何がいい？
前の人とにらめっこ10びょう
すきな学校の行事は？
おふとんから出られない…1マスもどる
みんなで先生に「よろしくおねがいします」を言いに行こう！
すきな給食は？
みんなでジャンプ10回！
ストップ
＿年生でがんばりたいことは？
すきなあそびは？
たん生日はいつ？
花ふん症《しょう》になった1マスもどる
すきなおすしのネタは？
先生とじゃんけん！かったら1マスすすむ
どんなクラスにしたい？
何味《あじ》のラーメンがすき？
たんにんの先生のイメージは？
おだんごを食べすぎた1マスもどる
すきなごはんのおかずは？
＿年生で楽しみなことは？1マスすすむ
ねがいが1つかなうなら？
うちゅう人にさらわれた2マスもどる
1日だけ動物にかわるなら、何になる？
ゴール

スタート
ストップ
ゴール

データはダウンロードできます。

Instagramの蒴先生（@nico.e.school）のアイデアを参考にさせていただきました。

※ ダウンロード方法はP.142をご確認ください

CHAPTER 4

あなたがいれば

えがお

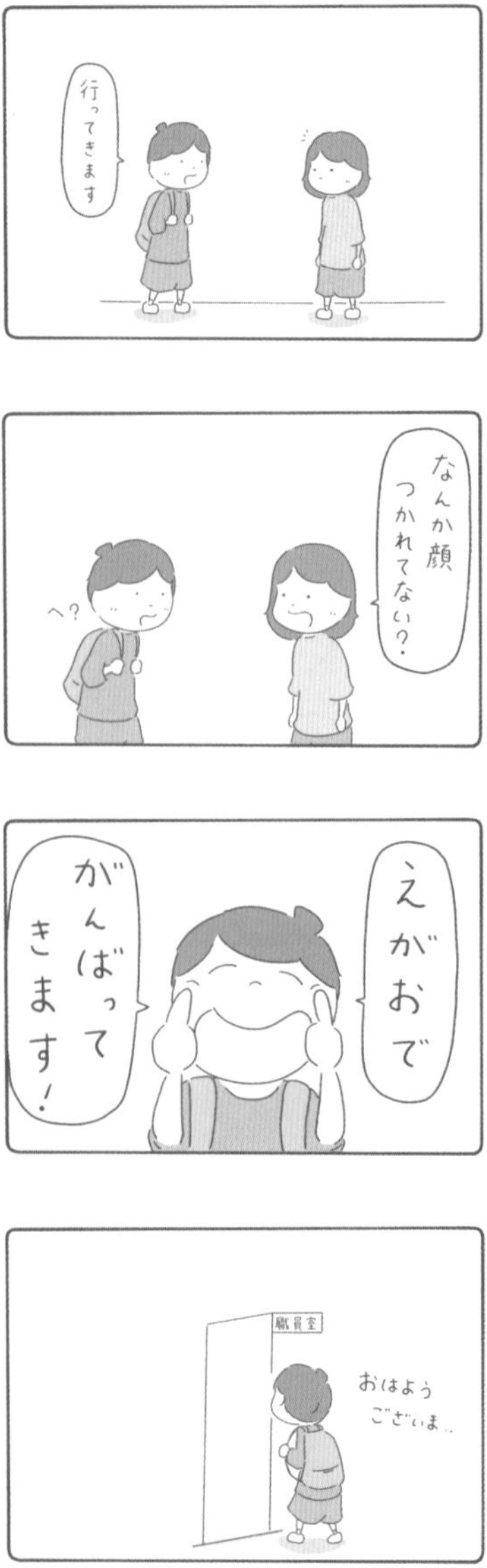
行ってきます
なんか顔つかれてない？
へ？
えがおで
がんばってきます！
職員室
おはようございま..

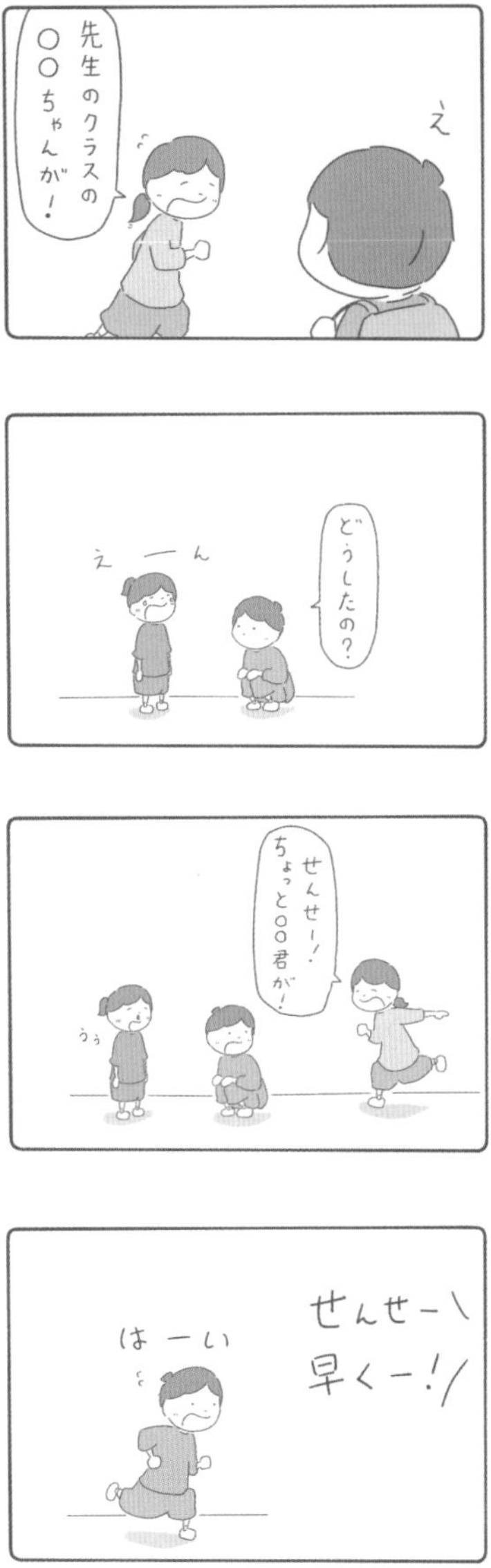

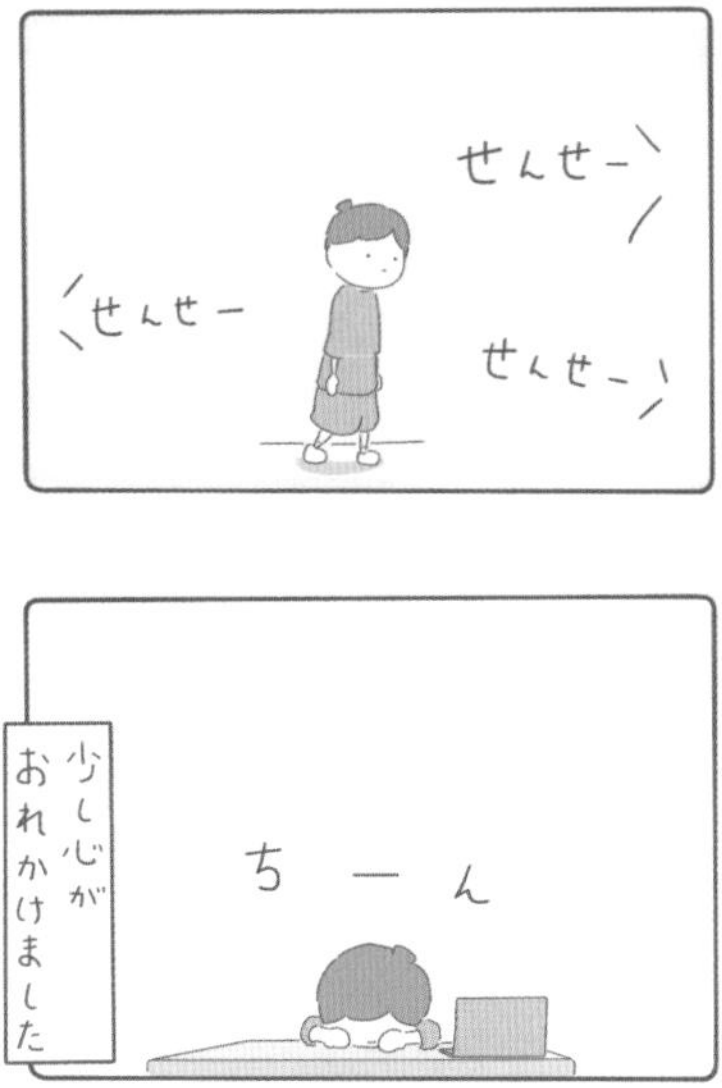

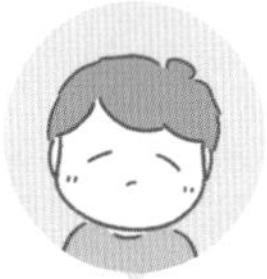

疲れている時もみんなの前では
「常に笑顔で元気！」を
心がけています。
でも、心が折れてしまう時も
ありますよね。

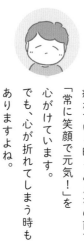

日本一のクラス①

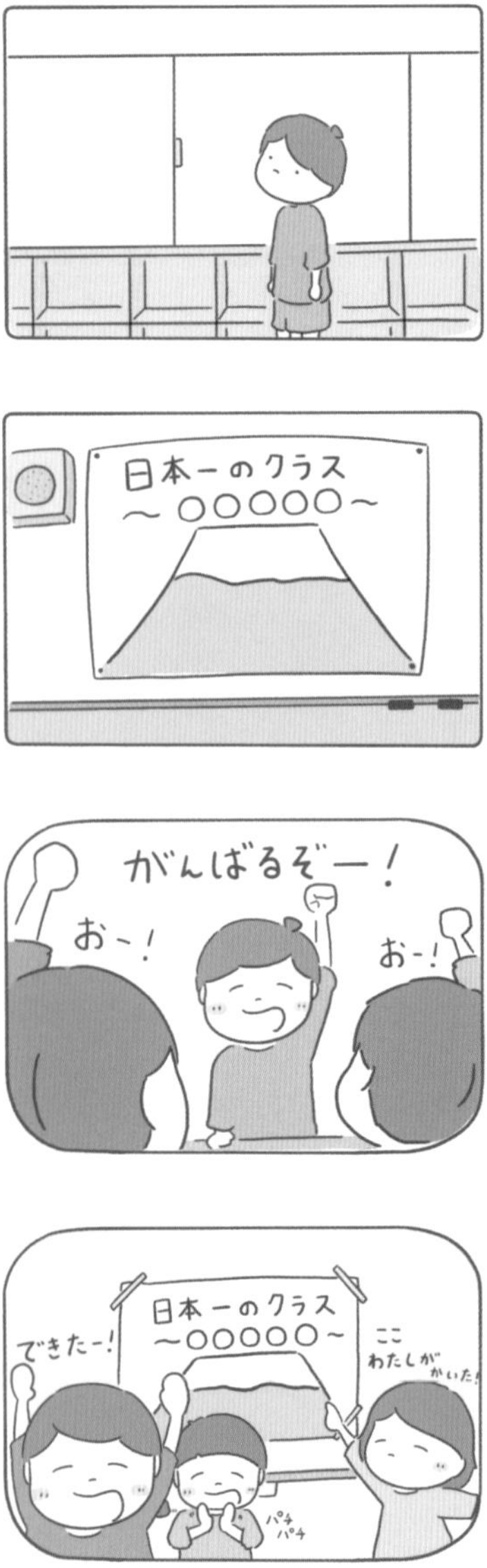

日本一のクラス
～○○○○○～
がんばるぞー！
おー！
おー！
日本一のクラス
～○○○○○～
できたー！
ここ わたしが かいた！
パチパチ

よいしょ
フワッ
明日やだな..

10月や11月はどうもクラスが落ち着かなくて…。
ちょっとネガティブモードに入りがちです。

日本一のクラス②

日本一のクラス
～○○○○○～
ムリかも
せんせーおはよ!
これ見て!
日本一になるための作戦考えた!
うち学級委員長やしさ!

学活の時間
2学期の目標をかきましょー！
はーい
できたー
みてー
スでの目ひょう
日本一になるために、苦手な発表をがんばる
クラスでの
日本一
になるために
友だちのことを考えて
やさしい声かけをがんばる
本当ごめん
ありがとう
おー！
がんばるね！

ネガティブモードから救ってくれるのはやはり子どもたち！
子どもたちのまっすぐな気持ちや行動に
助けられることがたくさんあります。

朝からサプライズ

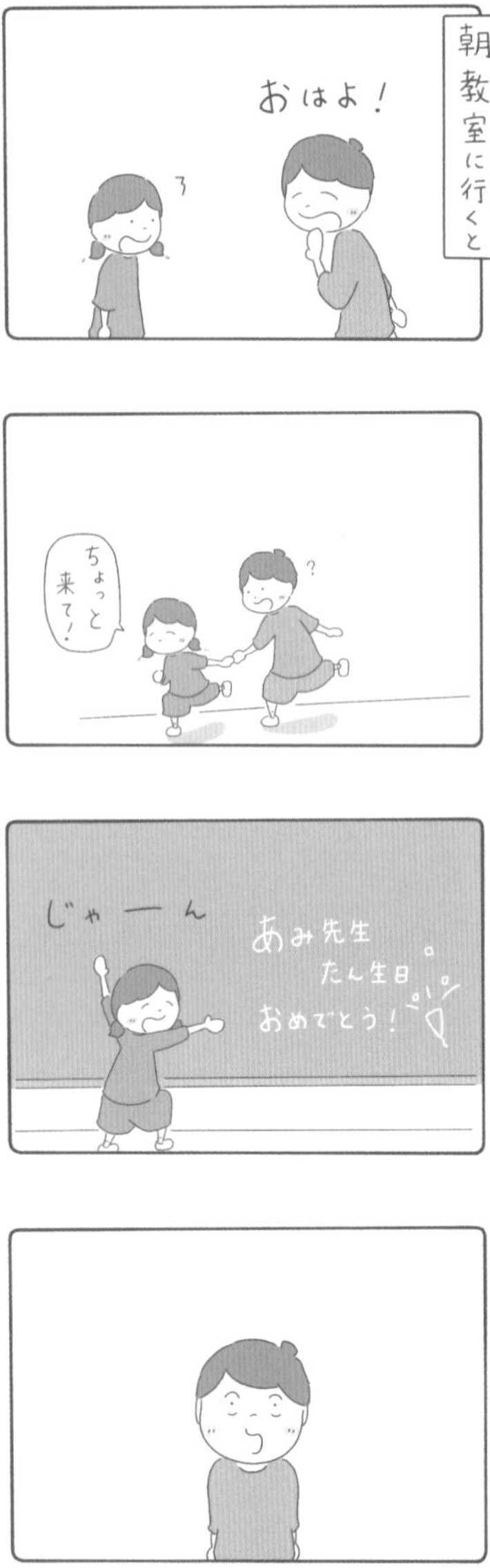
朝教室に行くと
おはよ！
ちょっと来て！
じゃーん
あみ先生
たん生日
おめでとう！

あみ先生
おめでとう
あ、ありがと…
えへへー
うれしい？
あ、うん
今日たん生日じゃないけどね！
先生来月だもんね
でもうれしいでしょ！
あ、うん
なぞに朝から
お祝いしてもらいました(笑)

うれしいけれど（笑）
子どもたちの行動って本当に読めません。
おもしろくて元気をもらいました。

係決め②

新学期といったら
ぼく牛乳係がいい！
係決め
3年生の時は
まけたー！
ずるいって
かったー
いやだー！
こんな感じ
じゃあ次
牛乳係がいい人ー？
はい！
はいはい！
はい！
ほれきた

話し合って
2人に決めてね！
2人していいよ
ぼく残ってる配達にする！
いいの？
いいの？
いーよ！
※だって〇〇ちゃんはさくら学級にいること多くて他の係はむずかしいし
〇〇ちゃんは前も配達だったもん！
※支援学級の名称

ぼくがんばるよ！
もち上がりだからこそ
分かる成長を感じました
うわっ
すき。

最初の頃は、係決めでよくもめていました。
こういう時に感じる子どもの成長は、
すごくうれしいですね！

応援

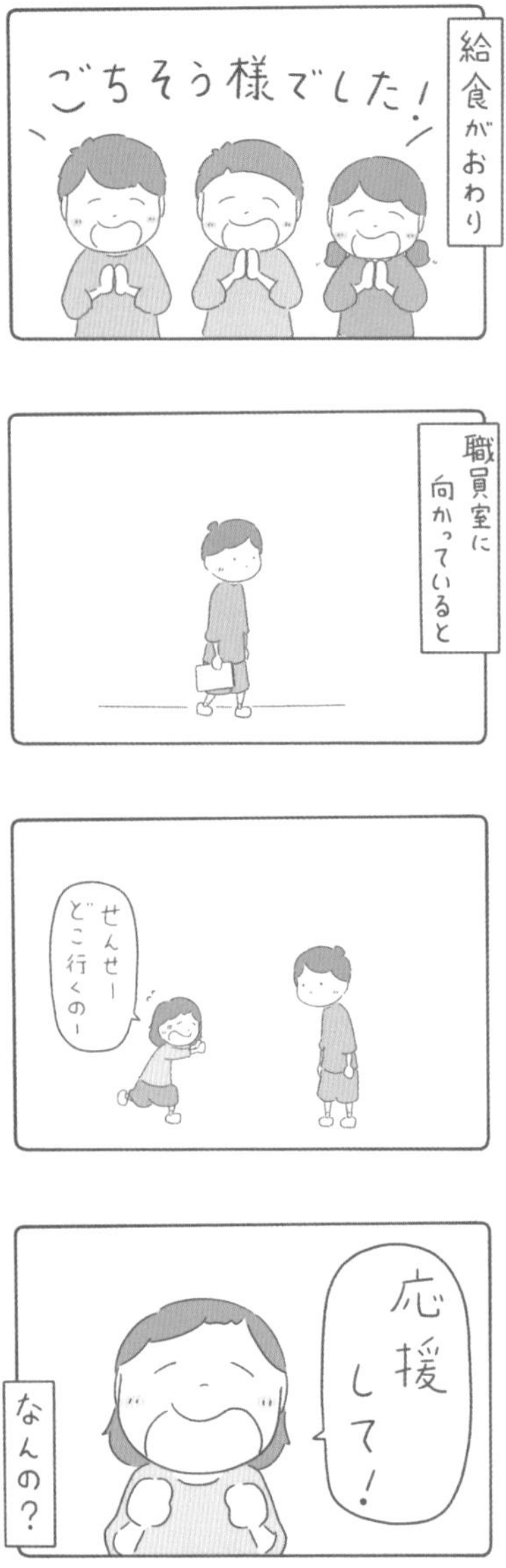
給食がおわり
ごちそう様でした！
職員室に向かっていると
せんせー どこ行くのー
応援して！
なんの？

応援があると食べられるようです。
1人で応援することもあるし、
クラスのみんなで応援することもあります。

今日の給食は…

いつものうめよりおいしいね！
うめじゃないみたい！
そんなわけあるかい
どりゃああ
ひっさつ一気食い
おぉおおお
完食
いえい
がんばったね！
おぉ！すごいね！
パチ
パチ
パチ
どっちが先生だろう(笑)

子どもたちからの応援、実はとってもうれしいです。
普段は子どもを応援することが多いけれど、
子どもたちもよく応援してくれます！

彼にも○○ができました

そうじの時間
いえーい
そうじ しなさーい
去年のたろうくん
そんな彼に
今日から弟子ができました
たろうお兄ちゃんに教えてもらってね!
あい
ぞうきんのしぼり方からおねがい
は、はい

掃除中によく遊んでいたたろう君も、
もう低学年に教える立場です。
優しく教えている姿はすごくかっこいい!

画びょう

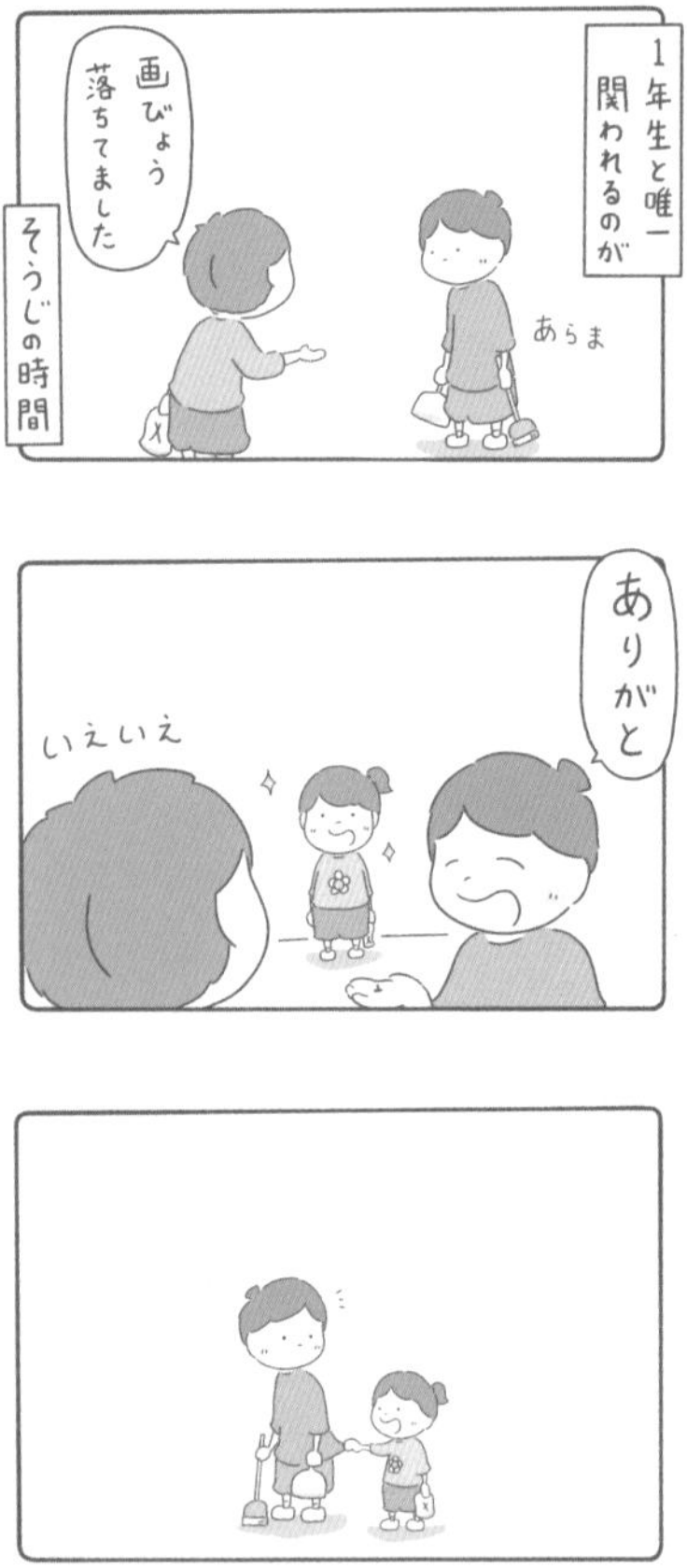

1年生と唯一関われるのが
そうじの時間
画びょう落ちてました
あらま
ありがと
いえいえ

?
あい
まてーい
うんしょ
またあったの？
ありがとう
あい
とっちゃダメ
おちてたらちょうだいね！
あい
尊すぎる(笑)
ぱぁ

か、かわいすぎる…。褒められたのがうれしくて
画びょうをとってしまったのですね。
かわいいから許します！

にこにこの木

学級委員さんが
にこにこの木
このカードに今日いいなーって
思った人のことを書いてください!
にこにこの木
ここにはって みんなでいっぱいにしよう!
すてきなものを企画しました

発表してくれる人いますか？
はい！
はい！
今日あみ先生も
音読をがんばっていました
国語の時にまるちゃんが
音読がんばっていました
おぉ！
パチパチ
おなじだけど
少しちがうー！
いやぁ～
たしかに～！
あ～かわいい

子どもたちが企画するというところが
大事だと思います。
でも、まさか僕も褒めてもらえるとは！

いつもげんき

あみ先生って
いつも楽しそうだね
そうですか？
そんなことは
けっしてない
連休明けは
やだなー
すごく
ゆううつになる
4-1
おはよー
せんせ〜!!
おはよ〜!
先生
おはよー!

せんせー
たろう君も おはよ！
あのさー
おはよ！
昨日 いえでさー
今日くる時さー！ 道にさー！
なにそれー！
えー！
みんなのおかげで
がんばれる

子どもを支える仕事なのに、
実は僕の方が支えてもらっているのかも？
みんなのおかげでがんばれています。

机のまわりで③

朝のうちに終わらせた量で
もちろーん
あそびにいこ〜!
その日のゆとりが決まる
そのために必死
うおおお
なのに
ズバババババ
キャハハハハ
はーい
ブブー!
いつもせまい(笑)
スリッパ!
せんせーもこたえてー!
でもいやではない(笑)

丸つけ中はあまり話せないけれど、
子どもたちは集まってきてくれます。
こういう朝の机の周りの雰囲気がすごく好きです。

ちょっと一息

あみたろう先生にインタビュー！

Q1 漫画を描き始めたきっかけを教えてください

IPadを買った時に描いてみたらハマりました。

おお！

Q2 教員を目指している大学生です。今のうちにやっておいた方がよいことはありますか？

今しかできないやりたいことしよう！

巨大プリンとか作りました

Q3 疲れたり、落ち込んだ時はどうしていますか？

いつも買えないぜいたくな食べ物を買って帰ります。

2つ買っちゃお

Q4 リフレッシュ方法を教えてください

お気に入りのソファーでずっとだらだらします。

だら～ん

Q5 子どもと関わる時に意識していることはありますか？

子どもの目線に合わせて考えるようにしています。

みて！
おお！

Q6 苦手な人とどう関わっていますか？

あえて たくさんほめてみたりします。

え？そう？
すごいです！

Q7 これから挑戦したいこと、やってみたいことはありますか？

子ども達の"やりたい"がとことんできる場所を作りたい。

あみたろう学校
で～ん

あと絵本作り。

世界1位
えほん
パシャ
パシャ

あと シャトーブリアンたべてみたい。

CHAPTER

5

それでも先生を続ける理由《わけ》

マンガを描いている理由①

私ね
先生になりたい!
やめといたら?
先生って大変なのよ
#教師 バト
うつ病
教員 ブラック!
モンスター アレント!

先生の仕事は楽しいこともたくさんある。
そんな瞬間を１人でも多くの人に伝えられますように！

マンガを描いている理由②

ぺらっ
?
ぼくも今日しんどかった
わっ
今日クラスめっちゃさわがしくてさー
けんかするわ話きかんわで

おなじ!
しんどいよねー!
昨日もクラスでさー
わかるー
一人じゃないよって伝えたい

しんどい時があることも事実。
僕も落ち込む時が
たくさんあります。
みんなで支え合えたら
うれしいな。

子どもの「できた」瞬間

なんか分かってきた
おぉ
1回してみる
せんせー
どーう?
やった〜!
グーッ!
子どもができた
先生すごい!
その瞬間は
ありがとう!
めっちゃ分かった!
こっちまで
もっとしたい
もっと出して〜
すごく嬉しくなる
これはできるかなー

子どもが何かできるようになって、
うれしそうにしている姿を見ると、
「やっぱり先生っていいな」と思えます。

かわいい宝物①

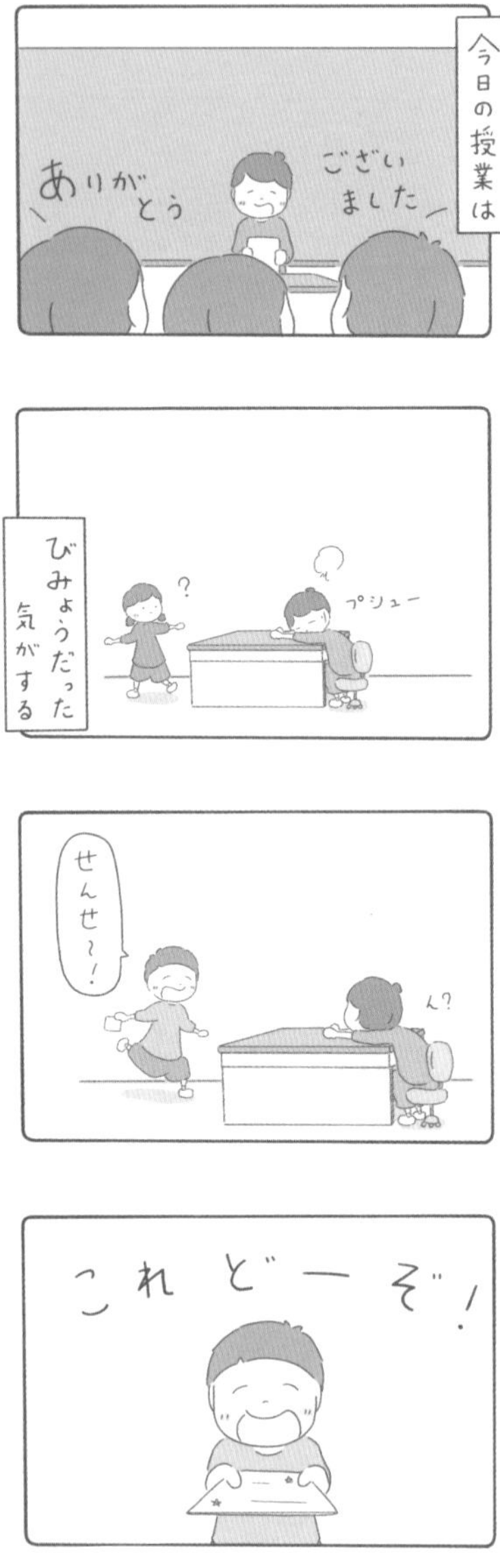
今日の授業は
ありがとう
ございました
びみょうだった気がする
?
プシュー
せんせ〜!
ん?
これど〜ぞ!

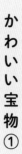

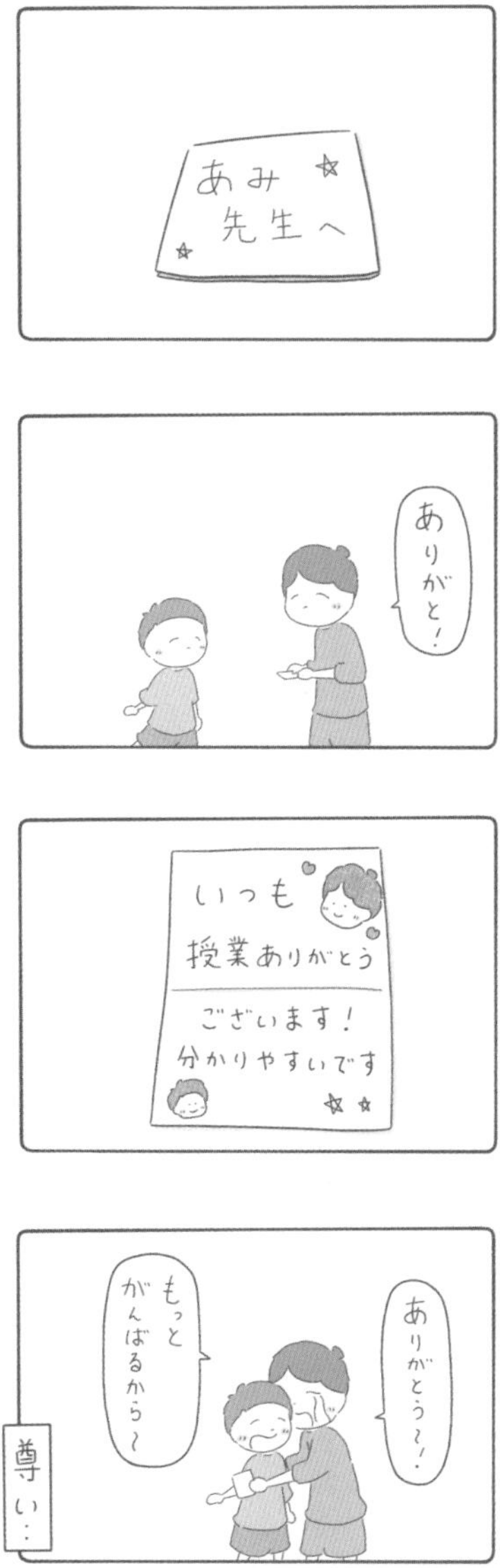
あみ
先生へ
ありがと!
いつも
授業ありがとう
ございます!
分かりやすいです
ありがとう〜!
もっと
がんばるから〜
尊い‥

やっぱり一番うれしいプレゼントはお手紙。
どんな内容でも速攻でエネルギーチャージできます。
ありがとう!

かわいい宝物②

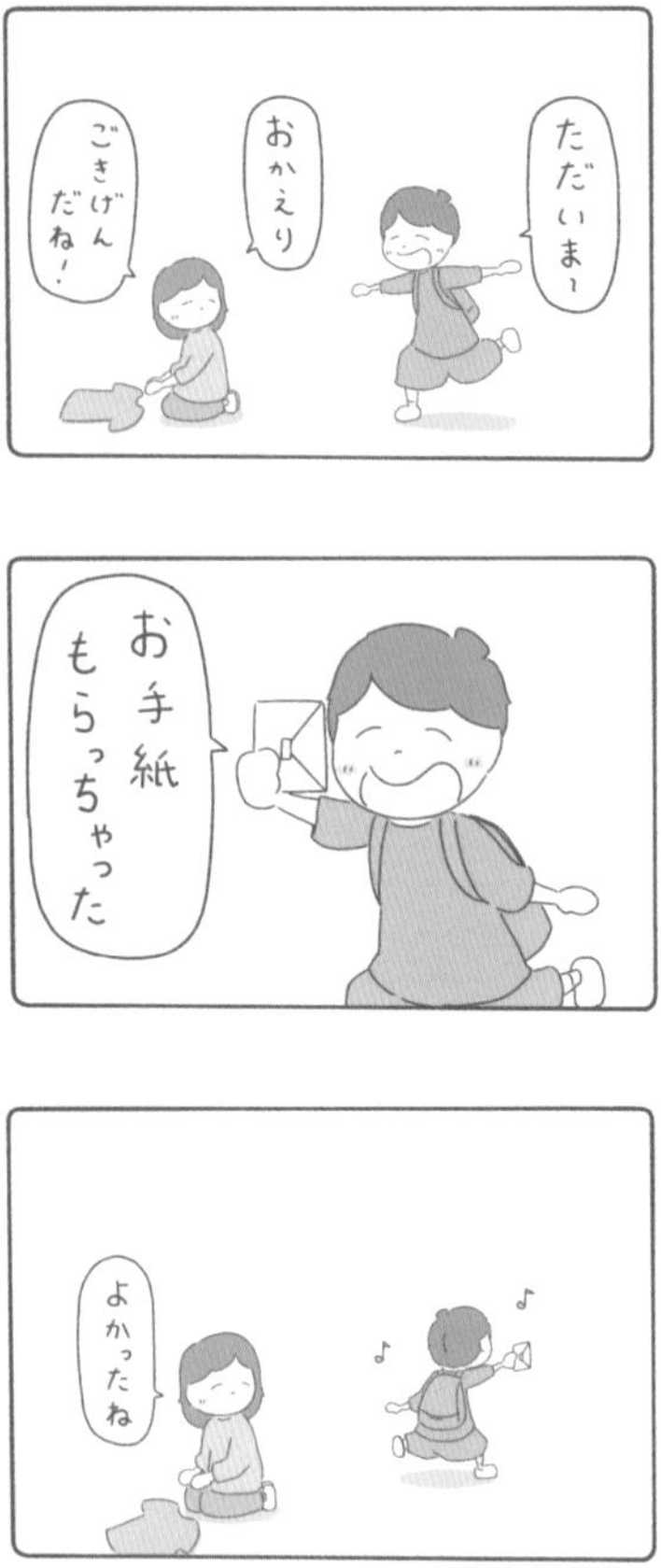

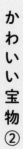

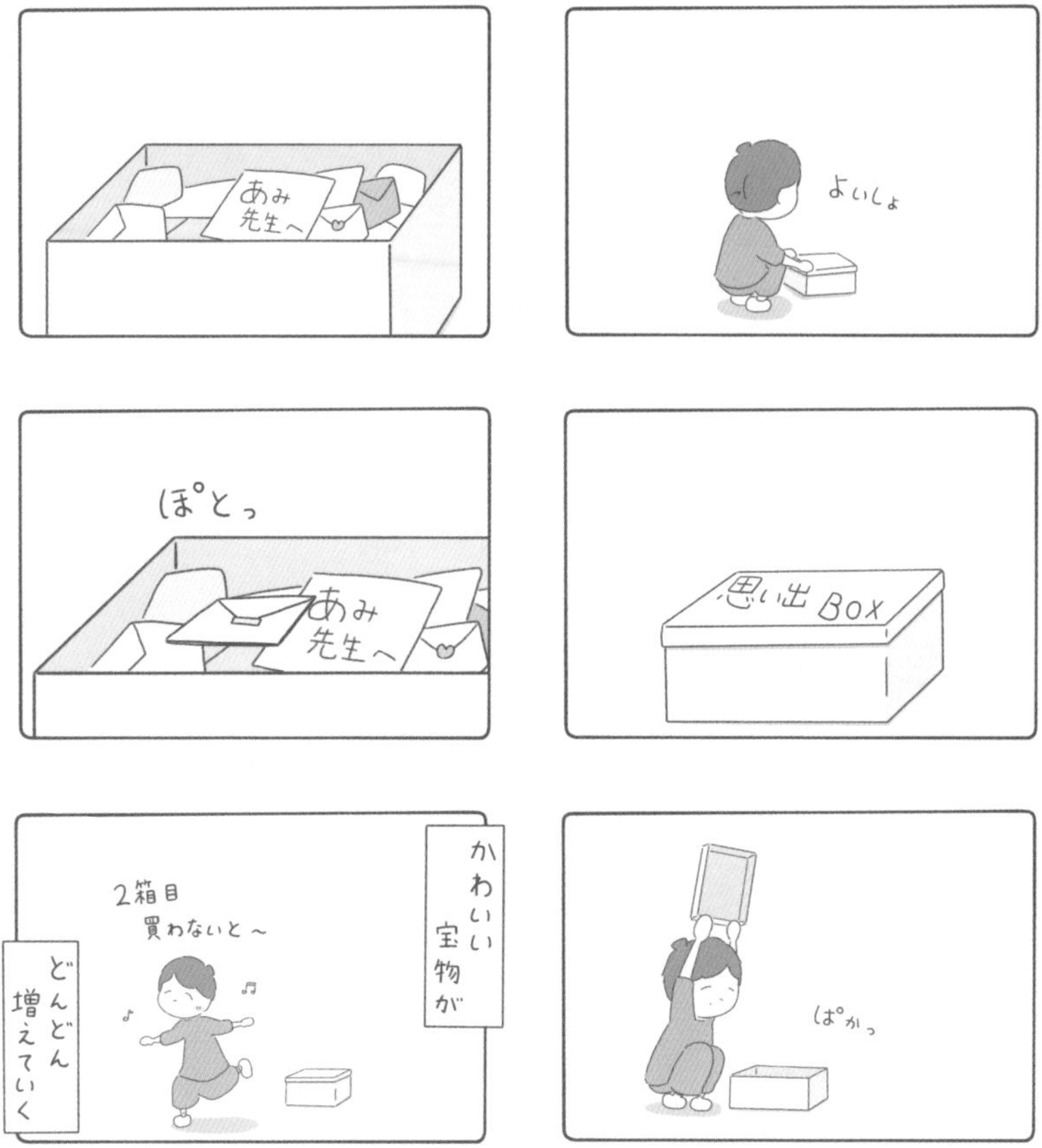

どんどん増えていくかわいい宝物。
疲れた時には、この宝物を見て元気を出します。
どれだけたまるかな?

まぁいっか星人

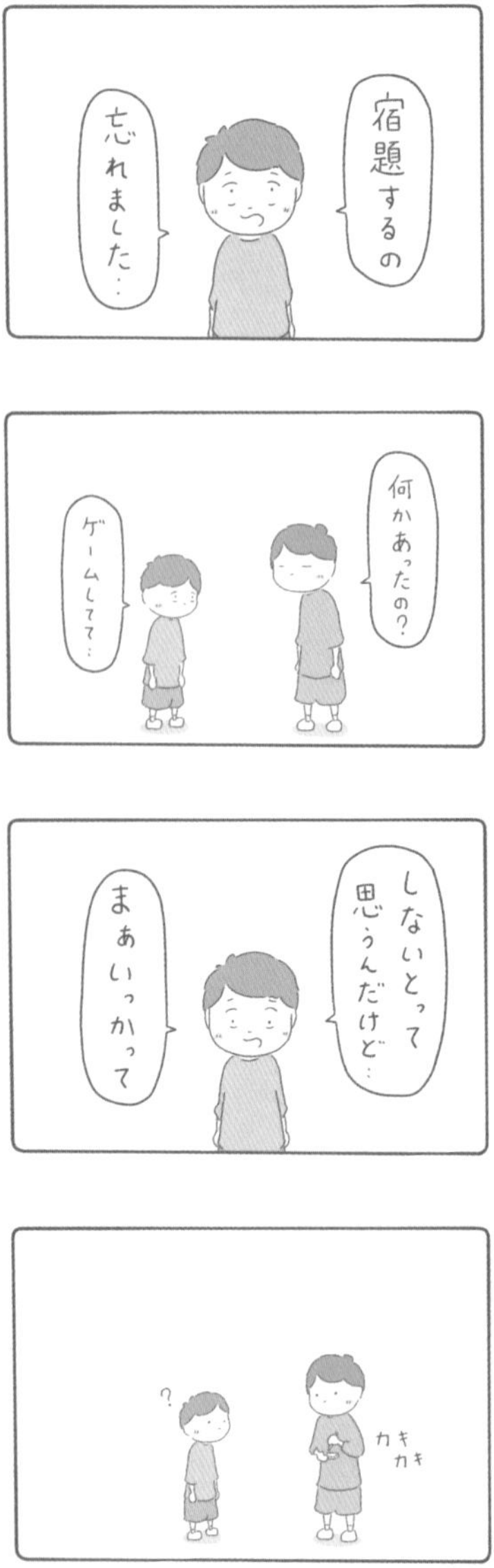

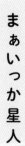

できた
まあいっか星人
これ連絡帳にはったげる
今日は倒してこい
・・・
うん!
次の日
おぉ
じゃーん
こういうアプローチも
がんばったね
負けなかった!
ありかもしれない

保護者からのうれしい言葉

たろう君が忘れ物とりにきましたよ
こんにちはー
先生すみません
とってくる〜！
いつもありがとうございます
いえいえ
あの子
先生のこと大好きで‥

今年の担任も
あみ先生だった
よかったね！
先生と「負けずにやる」って
約束したから！
今日先生がさー
本当によかったです先生で
いつもありがとうございます
あった〜

ζ
ζ
こんな
嬉しい瞬間もあるんです
うぅ

ふとした時の保護者からの
うれしいお言葉でがんばれます。
優しい保護者の方々には、
いつも支えられています。

成長

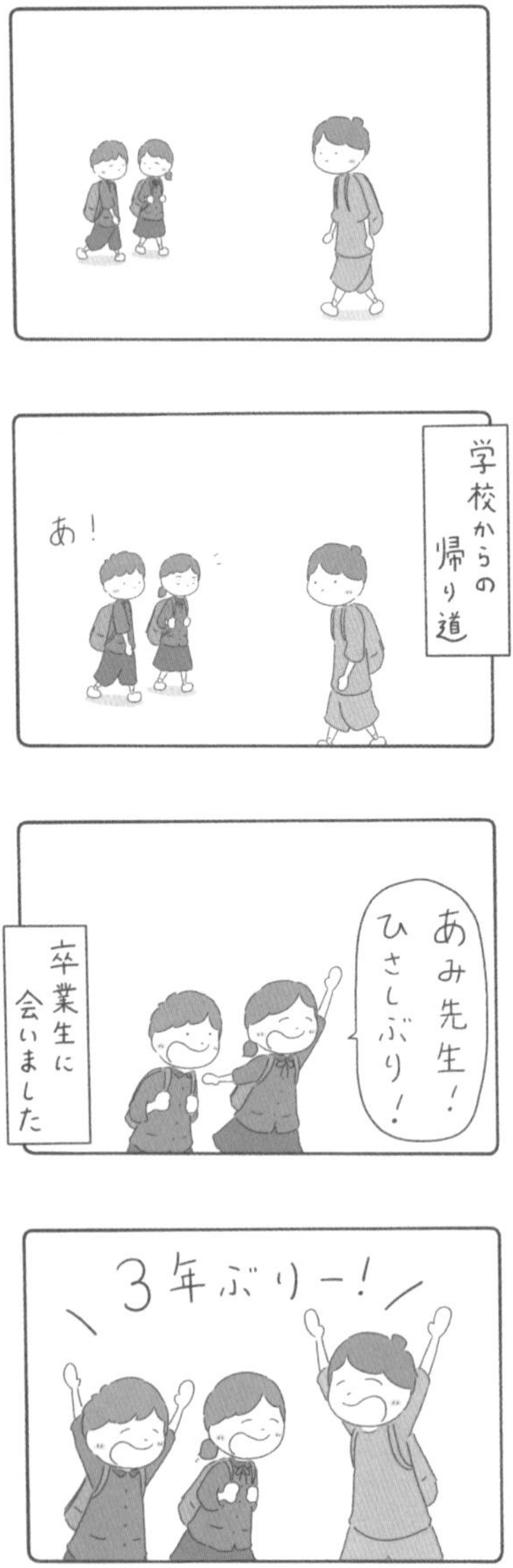

学校からの帰り道
あ!
卒業生に会いました
あみ先生!ひさしぶり!
3年ぶりー!

中学どう?
たのしーい
部活もすきー
色々な話をした
でも今テスト週間でさー
やばいよねー
じゃあまたね
またねせんせー

くるっ
久しぶりに会った子ども達は
ひとまわりもふたまわりも
大きく見えた
またねー!

久しぶりに
卒業生と話せる時間は、
なんとも言えない
温かい気持ちになりました。
僕もがんばろう!
と思えました。

仲直り

ちょっと まてーい
なんでやって
やめてや!
だって こっちがさ…
いや でも その前に
ちょっとたろう君 おいで!
一人ずつ
どうしたの?
あっちがさ…

一人ずつ
話を聞いて
でも
あっちもさ‥
うんうん

○○って言われたのがいやだったの‥

でも言い方きつくなってもた
ごめん

子どもが伝えられなかった言葉を
ぼくもたたいてごめん‥
伝えるお手伝いができる

そんな瞬間が
もうもやもやしてない?
うん!

とてもすてきなんです
外いこ!
いく!

先生になろうと思った決め手は、
児童館のアルバイトで
この瞬間に立ち会えたこと。
すごく素敵なのです。

出張

今日は出張です
いってきまーす
いってらっしゃーい
他の学校の授業を見たり
同じ教科の先生と話したりします
出張中も
今頃帰りの会か‥
大丈夫かな
クラスのことがすごく心配
もどりました－
おつかれさまでした!

4-1
丸つけ
しないと‥
先生出ちょう
おつかれさま！
黒板に
なんとまあ
かわいすぎる
きゅん
かわいい
メッセージ
たくさんたべてね！
うめぼし
先生出ちょう
おつかれさま！
おいしいよ
うめぼし
きらい
うめぼしだらけ
だけど…(笑)

出張の疲れも一気に吹き飛ぶサプライズ！
時々いじられることもありますが、
そういう距離感も時にはありかもしれませんね。

サプライズ

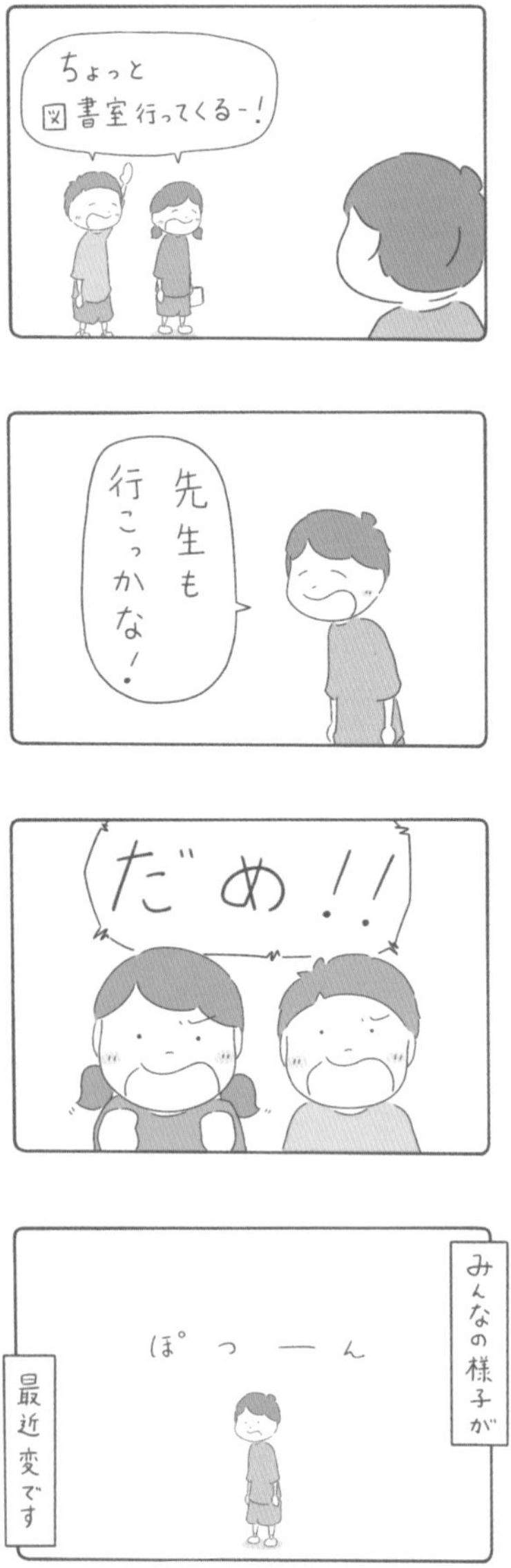
ちょっと
図書室行ってくるー!
先生も行こっかな!
だめ!!
みんなの様子が
最近変です
ぽつーん

次の日
職員室にいると
せんせー!
ちょっときて!
4-1
4-1
いくよ?
?
ガラガラガラ

あみ先生
たん生日
おめでとう
こんな
ごほうびタイムもあるんです
あみ先生へ

僕の誕生日の前から、
こそこそ準備している子どもたち。
愛おしいったらありゃしない!
幸せな誕生日でした。

机のまわりで④

せんせーってさ!
ん?
どうして先生に
なろうと思ったの?
修学旅行に
たくさん行けるから
えー!
せんせーに
なってよかった?

よかったよ!
どうして?
どうしてー?
それはね…

いれてー
なにそれー!
アハハ
えー!
なにしてるのー?

おわりに

最後まで読んでくださってありがとうございます。

「教師の魅力って何ですか？」と聞かれることがよくあるのですが、いつも何と答えようか言葉に詰まってしまいます。

そして、大体「何気ない日々が楽しいよ」とか「こんなにたくさん笑える職業ってあまりないんじゃないかな？」と答えます。

僕が教師を続けられている理由は、きっと「つらいこと」や「かなしいこと」より、「たのしいこと」や「うれしいこと」が大きいから。

そういうところも、この本を通じて、読んでいる方に感じていただけたらうれしいです。

最後に、この本の出版をご提案いただいた東洋館出版社の佐々木さん、また制作に携わって頂いた多くの方々、ありがとうございました。

ダウンロード付録について

「自己紹介カード」(p.32)と「新学期○○すごろく」(p.88)は、東洋館出版社ホームページ内にある「マイページ」からダウンロードすることができます。なお、データを入手する際には、会員登録および下記に記載しているユーザー名とパスワードが必要になります。

▶ URL：https://www.toyokan.co.jp

①「東洋館出版社」で検索して、
「東洋館出版社オンライン」へアクセス。

右上の人型アイコンをクリック

②会員はメールアドレスとパスワードを入力後、ログイン。非会員は「アカウント作成」をクリックし、必須事項を入力。

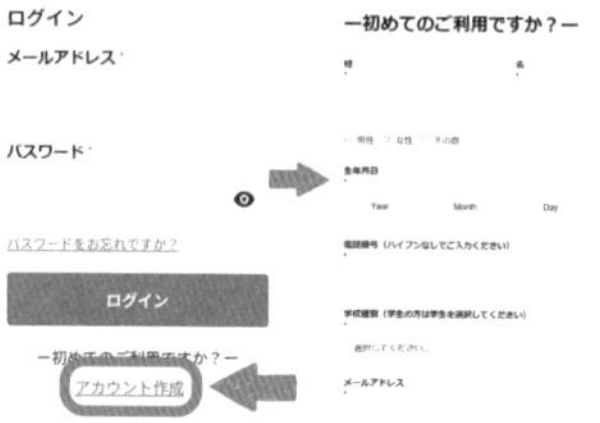

ログインまたはアカウント作成　　必須事項入力

③マイアカウントメニューにある
「ダウンロードコンテンツ」をクリック。

④対象の書籍の「ダウンロード」クリック。
下記のユーザー名、パスワードを入力。

ログイン

https://toyokan-publishing.jp

ユーザー名　amitr_5429

パスワード　r9WKNY53

ログイン　キャンセル

使用上の注意点および著作権について

・HPにはパソコンからアクセスしてください。スマートフォンではファイルが開けないおそれがあります。
・PDFファイルを開くためには、Adobe AcrobatまたはAdobe Acrobat Reader のインストールが必要です。
・PDFファイルを拡大して使用すると、文字やイラストの線にゆがみ等が出る場合があります。予めご了承ください。
・収録されているファイルは、著作権法によって守られています。
・著作権法での例外規定を除き、無断で複製することは法律で禁じられています。
・収録されているファイルは、営利目的であるか否かにかかわらず、第三者への譲渡、貸与、販売、頒布、インターネット上での公開等を禁じます。ただし、購入者が学校での授業において、必要枚数を児童生徒に配付する場合は、この限りではありません。
・ご使用の際、クレジットの表示や個別の使用許諾申請、使用料のお支払い等の必要はありません。

免責事項・お問い合わせについて

・ファイル使用で生じた損害、障害、被害、その他いかなる事態についても弊社は一切の責任を負いかねます。
・お問い合わせは、次のメールアドレスでのみ受け付けます。tyk@toyokan.co.jp
・パソコンやアプリケーションソフトの操作方法については、各製造元にお問い合わせください。

今日も1日がんばった

● 著者紹介

あみたろう

1994年生まれ。小学校の先生をしながら、学校での日常を漫画で描き、SNSで発信している。先生という仕事のつらい部分だけでなく、楽しい部分もたくさん伝えたいという願いを込めて漫画を描き始める。夢は絵本作家。

▶ Instagram：@amitaro_t ／ X：@amitaro_t
TikTok：@amitaro_t

「先生」に迷っているあなたへ
それでも先生を続ける理由《わけ》

2023年（令和５年）12月19日　初版第１刷発行

著　者：あみたろう
発行者：錦織圭之介
発行所：株式会社東洋館出版社
〒101-0054　東京都千代田区神田錦町２丁目９番１号
コンフォール安田ビル２階
代　表　電話03-6778-4343　FAX03-5281-8091
営業部　電話03-6778-7278　FAX03-5281-8092
振　替　00180-7-96823
ＵＲＬ　https://www.toyokan.co.jp

装丁・本文デザイン：喜來詩織
組版：株式会社明昌堂
印刷・製本：株式会社シナノ

ISBN978-4-491-05429-2